CRITIQUE SOCIALE

MARAIS

DE

SANGSUES

PHOTOGRAPHIES D'HOMMES DE LOI

PAR

PIERRE DULAC

NOUVELLE ÉDITION

PARIS
LIBRAIRIE DES SCIENCES SOCIALES
13, RUE DES SAINTS-PÈRES.

1865

MARAIS

DE

SANGSUES

PARIS. — IMPRIMERIE ÉDOUARD BLOT
Rue Saint-Louis, 46 au Marais

CRITIQUE SOCIALE

MARAIS

DE

SANGSUES

PHOTOGRAPHIES D'HOMMES DE LOI

PAR

PIERRE DULAC

NOUVELLE ÉDITION

PARIS

LIBRAIRIE DES SCIENCES SOCIALES

13, RUE DES SAINTS-PÈRES.

1865

EXPLICATIONS DU PHOTOGRAPHE

Ceci n'est pas une œuvre de scandale, quoi qu'en dise le titre : croyez-le, je vous en prie, honnête Lecteur. Mes photographies ne sont point des charges risibles, des caricatures de fantaisie ; elles ont été prises sur nature, faites d'après nature, et livrées sans retouche. C'est la lumière qui a tout fait. Je suis trop bonhomme pour créer rien de spirituel, pour inventer rien d'amusant, et je suis trop débonnaire pour fâcher personne, à moins que l'on ne me fâche. Ainsi, vous êtes bien prévenu. Si vous aimez les bons mots, les fines saillies, le sel attique, les aperçus délicats, les charmantes fables — ou bien — si vous êtes friand de traits mordants, de railleries piquantes, de médisances épicées — ne regardez pas mes photographies : de tout cela, je n'y ai rien mis ; de tout cela, rien n'y est, à moins que cela ne s'y trouve de soi-même ; car, je vous en réponds, la ressemblance est parfaite.

Vous ne douterez pas de ma garantie, défiant Lecteur, quand je vous aurai dit que j'ai cohabité longtemps avec les hommes de loi. — Oh ! je sais par cœur tous les recoins du marais ; j'y ai passé quinze ans de ma vie. Permettez que je vous conte cette histoire : elle est nécessaire pour l'intelligence du titre que j'ai choisi.

J'ai eu trois procès. Le premier m'a fait entrer dans le marais, le second m'en a chassé, le troisième m'oblige à révéler les mœurs de ses habitants, et a décidé de ma vocation pour la photographie.

Mon premier fut un procès de minorité. Pour le soutenir, deux moyens me furent offerts : Justice de ma cause, moyen de fond — ou — nullité de procédure, moyen de forme et de chicane. — Hélas ! j'étais candide, fier, généreux comme un jeune homme ; et puis, j'aimais l'opéra. — J'en sortais, le soir, criant à tue-tête : EN MON BON DROIT J'AI CONFIANCE. — Vraiment ! je me serais cru déshonoré, si j'avais invoqué le moyen de chicane. — Je fis donc plaider le moyen d'équité. Mon jeune avocat fut éloquent, pathétique, entraînant, irrésistible. — (Il est aujourd'hui, lumière brillante, autorité respectée, honneur sans tache du barreau.) —Vous croyez, ingénu Lecteur, que je gagnai mon procès ?.... Hélas ! hélas ! Je le perdis..... Mon Dieu ! ce fut la faute à *Robert-le-Diable*, et je n'en garde rancune à personne. — Mais pour l'amitié que je vous porte, ami Lecteur, je vous prie de retenir cette morale utile : NE PLAIDEZ JAMAIS ; et si de plaider vous êtes contraint, n'ayez aucune confiance en votre bon droit ; ne dédaignez pas la chicane; conditionnez bien votre procès ; renforcez votre cause de nullités, exceptions, fins de non-recevoir et autres rubriques. Car, je vous le dis en vérité, la forme emporte le fond : c'est la devise du Palais.

Je n'avais pas d'état quand j'entrepris mon procès ; je me fis clerc pour le suivre, et, quand je l'eus perdu, je demeurai clerc.

J'ai SERVI sous quatre patrons.

Le premier était un homme remarquable.

Il se faisait payer chèrement, j'en conviens, mais il se tuait à la peine et savait être désintéressé. Je l'ai vu refuser des procès qui lui paraissaient injustes ; je l'ai vu pousser hors de son cabinet des gens de mauvaise foi ; je l'ai vu braver des inimitiés pour la défense de ses clients. C'est à ses exemples de vigoureuse probité que je dois le bonheur d'avoir conservé ma loyauté intacte, malgré la contagion des exemples contraires.

Mon second patron était souverainement juste. Il soignait les intérêts de ses clients autant que ses frais et honoraires. — Homme de savoir faire, doux, paisible, insinuant, il aurait su plumer la poule sans la faire crier ; mais il ne la plumait pas. — Laborieux, zélé, bon conseiller, il en donnait au client pour son argent.

Mon troisième patron était la bonté même.

Jamais il ne renvoya les pauvres à l'assistance judiciaire ; il exposait ses frais pour eux, de bon cœur et sans regret. — Il a soutenu des procès pour des malheureux, à ses dépens, en première instance, en appel, en cassation. — Il ne savait pas même demander des honoraires aux riches. Tous ses clients devinrent ses amis.

Si de mon dernier patron j'avais à faire le portrait, je peindrais un voile sur son visage, pour ménager sa modestie.

Lecteur, vous le voyez, je suis impartial ; je loue les bons de même que je saurai flageller les méchants. — Mais, puisque le métier se peut faire honnêtement, me direz-vous, pourquoi l'avoir quitté ? — Déjà, je vous l'ai appris, Lecteur trop curieux : Un procès m'a fait entrer dans le marais ; un procès m'en a chassé. Cela n'explique rien, c'est vrai. Mais aussi, votre curiosité me met dans un cruel embarras. C'est une confession que vous me demandez, et se confesser devant tout le monde, c'est bien honteux, bien pénible. — Bast ! un coquin de mon espèce doit être un effronté coquin : je vais tout dire.

C'était en l'année 1850, sous la République avortée. — Pardon, je dois remonter plus haut. Lorsque survint 1848, légitimiste de l'avant-veille, indifférent de la veille, je devins républicain du lendemain.—Ma raison adopta pleinement les principes démocratiques, et, en l'année 1850, je participai au projet de fondation d'un journal qui devait s'inspirer de l'opinion populaire. — Je recueillis, parmi mes amis du Palais, des adhésions à ce futur journal, qui est encore futur. Avoir recueilli ces adhésions, tel fut mon crime et, pour ce crime, j'ai été condamné à six jours de prison ;

j'ai été privé d'une profession péniblement apprise. — Je souris tristement, Lecteur, quand je me rappelle les circonstances de ma condamnation. — Je fus accusé, non d'un délit politique, mais du délit correctionnel d'avoir colporté une feuille de souscriptions. — Or, colporter suppose distribuer, et recueillir des signatures, est-ce les distribuer?... Le délit était donc imaginaire, et néanmoins, je fus condamné. — Je pouvais supporter, sans émotion, la perte de ma carrière. — Homme d'action, lutteur infatigable, je saurai me faire une place au soleil... Mais je frémis d'une émotion indicible quand je me ressouviens de la peine que j'ai subie. — Arrêté, conduit en prison, je fus d'abord enfermé dans une cage de bois. Là, vint un geôlier brutal qui toucha à ma personne, me dépouilla de mes vêtements, me revêtit de la livrée des voleurs et me poussa dans une cour, au milieu des prisonniers..... Moi ! moi ! j'ai été mêlé à cette tourbe immonde de misérables..... J'ai entendu leurs propos cyniques.....J'ai vu leurs sales actions..... Pendant six journées, cette hideuse canaille m'a traité comme l'un des siens..... Je veux qu'on le sache : une férocité sauvage s'empara de moi ; une convulsion furieuse me prit à la gorge ; vingt jours durant, de rage je ne pus parler. — Et aujourd'hui, rien que d'y penser, j'ai peine à me contenir. — S'ils savaient.... mes juges.... quelle force surhumaine il faut acquérir pour renoncer à se venger de cet ignoble traitement..... ils regretteraient leur sentence.

Et voilà comment, Lecteur, j'ai été chassé du marais..... Vous avez trop d'esprit pour ne pas avoir compris ma triste aventure et tiré la morale qui s'ensuit. Je tairai donc une chose inutile et, pour vous récompenser de votre sagacité, je vais vous raconter pourquoi je publie mes photographies.

Vous avez déjà pressenti, Lecteur, que je ne suis point guidé par un aveugle sentiment de revanche. — Un scélérat de ma trempe ne se venge pas des faiblesses humaines; il vise plus haut et s'attaque aux institutions qui les favorisent. Au besoin, je proteste de mon dédain pour les personnes. D'ailleurs, je vous fais juge, Lecteur, des motifs qui m'ont obligé à publier mes photographies et des circonstances qui les ont fait naître. — Ces circonstances se sont produites à l'occasion de mon troisième et dernier procès ; — les voici :

J'étais entré dans une maison de commerce avec la triple qualité de Directeur, de Caissier et d'Agent du contentieux. — Sous divers prétextes, le chef de la Maison différa de m'installer dans mes fonctions de Directeur et de Caissier. — Au bout d'une année de patience, je me plaignis de la mauvaise volonté du susdit chef, et lui écrivis qu'en m'occupant exclusivement de ses procès, il me faisait passer pour un agent d'affaires; *qu'après avoir été chassé du marais de sangsues, je ne consentirai jamais à laisser dire que j'y suis revenu comme une sangsue marronne.* Il ne fut pas fait droit à mes plaintes. Je quittai la Maison, et un procès s'engagea en première instance et en appel.

Dans son plaidoyer, l'avocat de ma partie adverse (je n'en dirai rien, par crainte de n'être pas impartial), cet avocat cita ma sortie contre le marais de sangsues et prétendit qu'elle constituait une diffamation envers le barreau tout entier. — L'auditoire et les premiers juges en rirent de bon cœur, et si l'avocat eût été pourvu de l'esprit que comporte son état, il se fût contenté de ce succès d'hilarité. — Mais, en appel, devant les graves magistrats de la Cour, il n'a pas fait rire, il a remporté un succès de bon aloi; il a obtenu un arrêt qui décide, en termes exprès, que je suis atteint d'UN VÉRITABLE TRAVERS.

Oh! cher Lecteur, ne tremblez pas pour moi. — Je ne suis pas homme à manquer de révérence pour les magistrats qui ont été de cet avis. — Je crois, avec M. Dupin, d'une manière générale, que « la magistrature » française est la plus illustre qui ait jamais » existé chez aucun peuple, honneur éternel » de notre patrie, modèle vénéré de ce que » les hommes peuvent réunir de sagesse et » de courage, de savoir et de vertu. » Je veux même que, dans un haut intérêt social, l'on épargne les magistrats qui se laissent influencer par les travers de leur tempérament ou par d'autres causes de faillibilité. Mais il est un droit que je puis exercer sans trahir mes devoirs de citoyen, le droit de me pourvoir devant l'opinion publique, devant ce tribunal suprême dont nous relevons tous, juges et parties, en dernier ressort ; et c'est ce droit que j'exerce en publiant mes photographies pseudonymes. — J'expose les portraits des méchants hommes de loi qui font le vil métier de marchands trompeurs et falsificateurs : le public décidera si j'ai pu les appeler des sangsues.

Ce bon public..... qu'il ne suppose pas, je l'en supplie, que j'aie fait mes photographies, pour me venger des juges qui m'ont condamné ou des hommes de loi qui m'ont défendu. Les premiers n'étaient pas infaillibles, et les seconds ont plaidé ma cause aussi bien qu'ils l'ont su faire; je n'ai contre eux rien sur le cœur. — Du reste, je l'affirme, je n'ai que de l'indifférence pour les hommes de loi, en général; tout au plus, voudrais-je écraser du talon certain reptile venimeux, vil pensionnaire des fonds secrets, avocat indigne, qui, peu de jours avant mon procès de colportage, vint offrir de l'argent à Dalila pour qu'elle lui révélât ce que je pensais, ce que je disais, ce que je faisais.

La première idée de mes photographies m'est venue à l'occasion de mon dernier procès : cela seul est vrai. C'était dans une lettre confidentielle que j'avais bonnement écrit des hommes de loi ce que tout le monde en pense; et l'avocat naïf qui la divulgua, le fit pour démontrer à mes juges que ma personne bilieuse ne respectait rien. Traiter le barreau de marais de sangsues...... c'était une énormité dont seul était capable un sauvage, un homme des bois!..... Comprenez, Lecteur, si je dus me fâcher d'entendre dire que j'étais une bête curieuse!..... — Passe pour être bête, monsieur l'avocat ; mais moi, je ne suis pas d'humeur à souffrir qu'on me le dise. — C'est donc cet avocat ingénu, cet enfant terrible, qui a réveillé le chat qui dormait C'est sa faute, sa très-grande faute, si le chat a griffé.

D'abord je ne songeai qu'à dessiner des caricatures de sangsues avides : pur amusement pour égayer le public aux dépens des hommes de loi. Puis, je me demandai : *A quoi bon faire rire, si les sangsues continuent à se gorger aux dépens des rieurs?.....* Et ce raisonnement me conduisit à étudier la physiologie des annélides suceurs et à rechercher les moyens d'en améliorer l'espèce ou de la supprimer.

C'est ainsi, Lecteur, que l'indiscrétion d'un avocat aura pris les proportions d'une cause qui ne sera pas sans effet, si mes efforts sont couronnés de succès. C'est ainsi qu'au lieu de tracer des pochades plaisantes et inoffensives, j'ai retracé de véritables portraits de mœurs. C'est ainsi que j'ai dévoilé les abus du Palais, et proposé des réformes qui, je l'espère, seront utiles à la société; car j'ai la conviction que le ministère des avoués est devenu nuisible et dangereux, et je me propose de prouver qu'il est temps de le supprimer. — J'ai la conviction que les abus qui existent dans la profession d'avocat ont leur source dans le privilége de diffamer que les avocats s'arrogent, et je me propose de prouver qu'il faut rétablir le décret du 14 décembre 1810 qui leur défendait la diffamation, la tromperie et les mauvaises voies.

Ce n'est pas tout. Si vous daignez, Lecteur, encourager mes premiers essais, je serai photographe pour la vie, et je vous promets de livrer la même bataille aux hommes de guerre, aux hommes d'église, aux hommes de plume, à tous les hommes qui abusent du privilége ou qui méconnaissent les devoirs de la liberté, à tous ceux qui pressurent Jacques Bonhomme, à Jacques Bonhomme lui-même, à tout le monde. Je me ferai le grand redresseur de torts, le pourfendeur de moulins à vent. Seuls, j'épargnerai les hommes d'État; car, certain jour, j'ai promis de ne point me mêler de politique. Mais je n'oublierai pas la maxime du poète : *Homo sum : humani nihil a me alie-*

num puto ; et je serai indulgent pour les personnes comme je voudrais qu'on le fût pour moi. — Je ne ferai point le sot métier de diffamateur ; et d'ailleurs, les avocats ne me laisseraient point chasser sur les terres de la médisance et de l'injure. — Chacun chez soi.

Ainsi, Lecteur, je le déclare, mes photographies sont des portraits de mœurs et non des effigies de personnes. Je vais les étaler pour signaler les proxénètes qui vivent de nos jalousies envieuses, de nos colères égarées, de nos haines vindicatives, de nos sottises et de nos fautes ; je les étalerai pour dissuader les plaideurs de suivre leur mauvais penchant et pour détourner des procès les gens naïfs qui croient en l'infaillibilité de la justice et au désintéressement des hommes de loi ; je les exposerai pour appeler l'attention de l'opinion publique et de l'autorité sur des réformes qui sont devenues nécessaires et pressantes.

Ne murmurez donc, Lecteur, à l'oreille de personne, que j'ai eu le dessein de satiriser qui que ce soit. Je me suis bien gardé de telle étourderie qui me ramènerait sur la sellette : *Experta calidam, frigidam feles timet aquam.* Et d'ailleurs tel croquant serait bien aise du bruit que vous feriez autour de son nom : cela le poserait ; il y gagnerait de la réputation dans le monde des clients de mauvaise foi. Voudriez-vous que pour un mauvais singe j'eusse tiré les marrons du feu ? — Je vous en prie, ne me prêtez aucune allusion, aucune malignité, sinon je vous laisserais en affront, je vous désavouerais, je nierais à tout le monde, *si ce n'est à qui s'ingénierait à m'en demander raison.*

Et maintenant, ami Lecteur, si vous abondez dans mon sens, recevez l'hommage de mon album qui, à défaut d'autre mérite, aura du moins celui d'être vrai, je vous l'assure.

PIERRE DULAC.

Paris, le 1er janvier 1864.

PANORAMA DU MARAIS

I

REVUE RÉTROSPECTIVE

Les Origines

Jadis, le proverbe est connu, les procureurs étaient des voleurs et les avocats des... Mais le proverbe est trop vieux pour être encore vrai.— Passons au déluge de 89. Les procureurs y furent noyés : leurs trop lourdes iniquités les entraînèrent au fond de l'abîme. Un avocat fut admis dans l'arche : l'espèce fut sauvée, et, après le cataclysme, elle procréa, pullula, se multiplia et se répandit en tous lieux, dans les villes et les villages.

La race périe des procureurs fut remplacée par celle des avoués, que les naturalistes obtinrent d'un croisement d'avocat et d'huissier. Le bon Dieu ne s'en mêla pas, car il était d'avis que cette nouvelle engeance était une superfétation. Franchement, le bon Dieu n'avait pas tort : l'avocat était apte à composer, rédiger, formuler demandes et conclusions comme à les plaider; et l'huissier suffisait pour assigner, notifier, signifier, exécuter. — L'office d'avoué était une cinquième roue au carrosse de la justice; mais l'on pouvait espérer que le carrossier qui l'avait mise finirait par l'ôter. — Par malheur, une imprudente loi vint lier sa volonté : ce fut la loi du 28 avril 1816 qui rétablit la vénalité des offices.

Avant cette loi déplorable, les avoués étaient nommés à titre gratuit ; ils étaient révocables à volonté; leur ministère pouvait être supprimé sans inconvénient. — Après, les avoués vendirent leur titre à des prix qui suivirent une progression toujours ascendante; leurs acheteurs ne furent plus révocables, et si l'autorité se réserva le droit de les destituer, elle fut moralement obligée de ménager une propriété acquise à beaux deniers.

Si, par la loi de 1816, la Restauration eût accordé le droit de vendre les offices, à la charge de lui payer à elle-même le prix de la première investiture, l'on comprendrait l'excuse qui l'aurait forcée à faire argent de tout pour subvenir à ses énormes dépenses. Mais elle n'a pas exigé le prix de l'investiture; elle n'a eu d'autre but que de se rattacher des amis; elle n'a pas même eu pour excuse l'intention de récompenser les services des officiers; car, à cette époque, les officiers étaient généralement des simples d'esprit qui n'avaient ni zèle ni science.

Simplicité du premier âge

Deux petites anecdotes feront foi de l'innocence des premiers avoués et des premiers huissiers.

En ce temps-là, les voltairiens se taisaient et les prêtres étaient crus sur parole. Le curé d'une petite ville voulut gratifier d'un office d'avoué un sien protégé, digne de bénédiction. Mais le tableau était rempli, et point d'office à vendre. Le fin matois s'avisa d'un tour qui réussit à merveille : il alla trouver un avoué, bonhomme qui manquait de procès, lui conta gravement que tout homme a une vocation d'en haut, lui remontra que si les clients le délaissaient, c'est qu'il manquait de la grâce d'état, et conclut que s'il ne se défaisait de son office, il ne pourrait élever sa famille, vivrait misérablement et mourrait damné..... L'avoué, atterré, céda son office pour 25 louis.

Un huissier de campagne se laissa prendre à un piége encore plus grossier que lui tendit un rusé paysan. — Celui-ci, quelque peu lettré, avait entrevu que l'exploit devait rapporter plus que le hoyau, et voulut s'emparer à bon marché de l'office du pauvre homme. Dans ce but, il sema le bruit, dans le village, que tous les huissiers étaient voués au diable, et que de temps à autre *le diable leur venait après*. L'huissier apprit la rumeur et prit peur. A quelques jours de là, le paysan s'introduisit, de nuit, dans l'écurie de l'huissier et sut exciter le cheval et la vache à hennir, à mugir, à faire un fracas infernal. — L'huissier, terrifié de ce vacarme, crut avoir affaire à l'esprit malin. — Vite, il saute à bas du lit et se sauve en chemise, se couvrant le visage des mains et criant sans répit : *Pardon, grand diable, je ne serai plus huissier !* — Le lendemain, il céda son titre pour quelques louis que le paysan lui fit offrir.

Et vraiment, l'avoué et l'huissier d'alors étaient de bonnes gens sans gêne et sans façon, de bons enfants. — Plus souvent au cabaret qu'à l'étude, ils avaient un rendez-vous favori, au fond d'une cour, chez un marchand de vin qui tenait du meilleur crû. Ils y signaient les actes que leur apportaient les clercs, sans nul souci des taches rouges tombant sur le timbre ou sur le corps d'écriture. — Ils y recevaient les clients, trinquaient avec eux, en vrais amis, sans arrière-pensée, et ne songeaient pas même à leur soutirer quatre sous en sus du tarif. — Aussi, quelles excellentes preuves de reconnaissance leur donnaient les clients satisfaits ! — Les anciens, qui ont vu cet âge de candeur, s'attendrissent quand ils se rappellent les molettes de beurre frais, les fromages pur chèvre, les poires succulentes, les grosses pommes, les beaux raisins, les poulets de grain, les chapons gras, les tendres perdreaux, les cailles dodues, les lièvres de montagne, les truites saumonées, le vin cacheté, tous les présents choisis que ces bons clients leur apportaient.

Sans doute, les conseils ne valaient pas les présents; mais l'huissier, l'avoué, le client, ne s'en doutaient pas, et, le procès perdu, tous trois se désolaient en commun, maugréant à demi-voix contre l'avocat qui, dans tel passage, n'avait pas suffisamment accentué un coup de poing sur la barre, d'un effet irrésistible.

Prépondérance de l'hermine; sa décadence

L'avocat était en effet le véritable *magister litis*, seul instruit, seul capable, seul responsable. Il composait lui-même les modèles des demandes, des assignations, des conclusions et de tous les actes de la procédure. — Il y eut même, si l'on en croit la chronique du temps, des avocats intelligents qui achetèrent charge d'huissier et charge d'avoué, et en investirent des titulaires qui ne furent que leurs employés. Si elle a existé, la spéculation était des meilleures parmi les bonnes. C'était cumuler le casuel des deux charges, amener à son cabinet les clients des deux études, multiplier les échos de son nom, arrondir les profits et les honoraires; c'était le moyen de laisser à sa progéniture des prés, des champs, des vignes, des bois en campagne et des maisons en ville.

La dépendance des avoués ne fut pas de longue durée. — D'abord, tel avocat prodigua les coups de poing, les éclats de voix si inconsidérément, que l'oreille rebattue des juges s'assourdit à ces mouvements d'éloquence trop peu variés. — Ah! s'il avait été libre d'insulter, de diffamer, de scalper la partie adverse, quelles ressources oratoires il eût trouvées dans ce noble privilége! — Mais alors, hélas! était en vigueur un incommode article 37 du décret du 14 décembre 1810, dont voici le texte clair, positif et non sujet à entorse :

« Défendons aux avocats de se livrer à des injures et des personnalités offensantes envers les parties; d'avancer aucun fait grave contre l'honneur et la réputation des parties, à moins que la nécessité de la cause ne l'exige, et qu'ils en aient charge expresse et par écrit de leurs clients, ou des avoués de leurs clients. »

Ce décret barbare cadenassait la bouche de

l'avocat criard, et le privait des trois quarts de ses moyens. — Aussi, dès que les juges furent blasés sur ses vaines clameurs, perdit-il plus de procès qu'il n'en gagna.

Émancipation de l'avoué

A force de voir l'avocat perdre des procès, l'avoué soupçonna qu'il en pourrait faire autant. Il commença par moins croire en la supériorité de l'oracle, s'enhardit à se faire une opinion sur les affaires, acheta des répertoires de jurisprudence, apprit à parler l'idiôme technique, à l'écrire couramment et à porter décemment la toque et la robe.

A ce moment solennel, la chrysalide brisa sa coque, déploya ses ailes, vola, butina!...

L'avoué cessa de fréquenter le cabaret, se donna un cabinet particulier, y reçut les clients et prit gravement leurs notes, introduisit les demandes de sa propre autorité, mitonna les moyens avec la procédure, fit à l'audience des réquisitions, et finit par plaider lui-même les petites causes. — Il était donc émancipé, le *magister litis*, et l'avocat n'était plus que le maître de la parole.

Renaissance des procureurs

L'amoindrissement de l'avocat, l'agrandissement de l'avoué, telles furent les conséquences de l'article 37. — Quant au client, sa bourse en pâtit : car avant, il payait à l'avoué ses frais, et à l'avocat ses honoraires ; et après, il dut payer à l'avoué frais et honoraires, sans rien diminuer sur les honoraires de l'avocat.

Mon dieu! le client de l'époque était si bonasse qu'il payait sans se douter du double emploi. — Il trouvait bien qu'il payait plus cher, mais l'avoué lui savait répliquer doucereusement : « Autrefois, mon ami, vous ne me donniez que mes frais, de purs déboursés, où je ne trouvais pas de quoi vivre; mais je ne soignais pas vos affaires, l'avocat se chargeait de tout. —

Aujourd'hui, c'est moi qui fais tout; je donne à l'avocat sa plaidoirie toute mâchée (sic); il n'a plus qu'à parler..... Et encore, dans votre affaire, vous l'avez entendu, j'ai parlé moi-même. — Soyez juste, vous ne voulez pas que je travaille pour rien. » — Et le client payait et se retirait satisfait, reconnaissant. — Le madré procureur ne lui avait pas laissé entrevoir que ses frais comprenaient non-seulement des déboursés surchargés, mais encore de gras honoraires. — C'est ainsi qu'à peine sorti des langes, l'avoué sut escamoter doubles honoraires; l'on dit même qu'affriandé par le succès, il ne craignit pas de recevoir et de garder les honoraires des avocats, surtout ceux des jeunes débutants, qu'il trouvait assez bien payés par le plaisir d'avoir eu cause à plaider.

Lutte d'éloquence

Les avocats tentèrent vainement de reconquérir leur suprématie déchue. — Quelques-uns d'entre eux, devenus députés, législateurs, s'empressèrent naturellement de faire une loi pour eux, celle du 17 mai 1819, qui adoucit le tempérament de l'article 37. Puis, ils obtinrent la révocation du fatal article, par ordonnance royale du 20 novembre 1822. Les avocats se mirent donc à vexer, injurier, bafouer, vilipender les parties adverses; mais ils furent moins forts que les avoués dans la rhétorique des halles. — A la vérité, les avoués atteignaient le sublime du genre. — Il fallait voir deux confrères devant le Tribunal de Commerce, quand leurs parties étaient présentes, se démener, se débattre l'un contre l'autre, s'escrimer de la voix et du geste, trépigner, montrer le poing, crier, hurler : coquin !... voleur !... canaille !... Derrière eux, tour à tour, les clients se pâmaient d'aise, admiraient chacun leur défenseur emporté, et l'estimaient bien au-dessus du plus brillant avocat.

Subjugation des huissiers

Les avoués avaient usurpé l'influence des avocats et empiété sur leurs honoraires; ils rognèrent encore la médiocre portion des huissiers : ce qui ne fut pas difficile; car ces derniers, restés fidèles au cabaret et aux mœurs vulgaires, stationnèrent longtemps dans l'ignorance et la médiocrité d'esprit. — Leurs anciens camarades rirent prétexte de leur insuffisance pour déourner les clients d'aller chez eux, et pour ommander les exploits et procès-verbaux; ils ccaparèrent leur clientèle, et, devenus les Nepunes des eaux marécageuses, ils dictèrent tous es actes, rédigèrent tous les exploits, et retinent aux pauvres huissiers la meilleure part de eurs émoluments.

Sangsue marronne

Voici quelle était, vers la fin du premier âge des hommes de loi, la situation générale du marais. Les avoués dominaient. Sangsues inutiles à l'origine, ils s'étaient rendus indispensables. Ils avaient ravi à l'avocat la consultation, l'initiative et la direction des affaires; ils avaient retrouvé la piste et les traditions des procureurs: ils grugeaient le bien du client, le bien de l'avocat, le bien de l'huissier. — Dieu! comme ils s'empiffaient, s'emplissaient, ballonnaient!.... Aussi, leurs offices étaient-ils montés à des prix fabuleux. — Ce fut la cause de leur décadence. Ces prix élevés étaient inaccessibles aux clercs peu argentés, auxquels, jusqu'alors, les patrons avaient transmis leur suite à crédit. —Les avoués cédèrent à des fils de famille, à des avocats manqués, et les clercs déshérités quittèrent les études et ouvrirent des cabinets d'affaires. — La concurrence de l'agent d'affaires était créée, concurrence fatale aux fils de famille, qui n'eurent ni le liant, ni le savoir de leurs prédécesseurs, et qui, par leur morgue et leur ignorance, mécontentèrent les clients; laissèrent les avocats reprendre leur influence et les huissiers recouvrer l'importance de leur ministère. — Enfin, l'agent d'affaires, sangsue marronne, se fit leur rival devant la juridiction consulaire et devint leur ennemi juré. — Un jour, avant l'heure des audiences, jour de catastrophe !.... il se glissa furtivement dans la salle des Pas-Perdus et grossoya sur tous les panneaux : *la taxe! la taxe!* Ce mot magique, inconnu des clients, trahit les arcanes, fendit les voiles, ébranla le sol, bouleversa le marais et y fit surgir un promontoire d'où le photographe a braqué son objectif sur les hommes de loi d'à-présent.

II

VUE ACTUELLE DU MARAIS

Transformation du Marais

Autrefois, quand n'était pas née la sangsue marronne, le marais s'étendait à l'entour de la butte où s'élève le Temple de la justice. Des mythologues racontent qu'à l'origine, l'on avait creusé là un large fossé que l'on emplit d'eau pour protéger l'inflexible Thémis contre les insultes des méchants par elle condamnés. —

Ce rempart fut insuffisant. — Les méchants narguèrent le fossé et le passèrent à la nage. — Ce fut alors que par ordre des dieux, l'on y sema des sangsues sacrées qui s'attachèrent aux jambes des furieux, les mordirent à la veine et leur firent d'abondantes saignées. — Depuis cette ruse, les plaideurs se sont adoucis ; ils craignent la justice et se contentent de vingt-quatre heures pour maudire leur juges.

Le fossé devenu marais se peupla si bien de sangsues avides, que nul ne put, sans être saigné, aborder au rivage de la butte. — Elles piquaient, suçaient, se gorgeaient à souhait : c'était une bénédiction. — Par malheur, vint la sangsue marronne se placer en embuscade dans un marécage voisin ; elle y arrêta les plaideurs, les saigna tout frais, tout dodus, et ne laissa aux sangsues sacrées que du sang appauvri, qu'une maigre pâture, — La faim fit sortir les sangsues sacrées du marais ; elles allèrent guetter la proie et s'éparpillèrent çà et là dans une mare, dans une flaque, dans un creux d'eau.

En deux mots, et pour parler comme tout le monde, les huissiers, les avoués et les avocats se groupaient autrefois dans le paisible quartier du Palais. — Dès qu'ils virent les agents d'affaires ouvrir leur cabinets à la portée des clients, ils firent de même et se disséminèrent dans les quartiers du commerce.

Il fallait qu'il y eût grand péril en la demeure... Eh quoi? changer l'étude borgne, poudreuse, enfumée des clercs contre une antichambre éclairée, tapissée, parquetée? Changer le bureau de noyer, la bibliothèque de sapin, le fauteuil de cuir, les chaises de paille d'un modeste cabinet, contre les splendeurs d'un salon de conversation, glaces, pendules, statuettes de Pradier, fauteuils de velours, causeuses, bois des îles, meubles somptueux!... Changer une location modérée contre un loyer excessif!... Client, pauvre client!... qui payera tous ces frais de meubles et ustensiles?...

Quoi qu'il en soit, la tribu s'est dispersée, l'émigration s'est accomplie, et de nos jours l'ancien marais s'est transformé en salle des Pas-Perdus.

Ici se présente une difficulté d'exécution. Du haut de notre promontoire, nous apercevons à découvert les hommes de loi qui vont et viennent dans la salle des Pas-Perdus, et notre appareil reproduira leurs images avec une ressemblance que les contrastes rendront parfaite. — Mais c'est là que se trouve un danger, celui de signaler les personnes avec une évidence telle que de tous elles soient reconnues à première vue. — Or, nous voulons respecter les personnes et ne reproduire que les traits qui caractérisent les mœurs : les yeux petits et ronds du finasseur, les pommettes anguleuses et les lèvres minces du rapineur, le long buste et les courtes jambes de l'épicurien..... Faut-il donc renoncer à photographier la salle des Pas-Perdus?... Oui, sera l'avis des sages, et nous l'adoptons.

Ainsi, les portraits que nous allons donner sont tout-à-fait impersonnels, et nous les isolerons pour éviter la trahison des contrastes.

Enfin, nous demandons la permission de peindre les huissiers à grands traits, parce que nous n'avons aucune réforme à demander contre ces vrais officiers de justice, dont le ministère nous paraît utile et nécessaire.

III

LES HUISSIERS

« *Quantum mutàtus ab illo!* » Comme il est changé l'huissier du temps passé! C'est à ne pas le reconnaître! — Sa tenue était vulgaire, son jabot taché de tabac et de vin, son allure ébriolente et son cœur fermé à la pitié. — A peine savait-il un peu lire, un peu écrire, et, en vérité, l'on ne pouvait ranger ce grossier personnage parmi les hommes de loi. — Tandis que l'huissier de nos jours est un homme bien appris, mis sévèrement, vêtu comme un notaire, souvent bachelier, licencié, quelquefois même docteur en droit. — Vraiment, il est beaucoup mieux qu'un avoué d'il y a vingt-cinq ans. — Aussi, a-t-il gagné en considération, et désormais, dans aucun vaudeville, un débiteur bohémien n'oserait l'appeler : Gueux d'huissier. — C'est que, dans son triste ministère, il sait apporter des formes humaines, se montrer pitoyable et compatissant pour les malheureux. — Il s'attendrit au navrant spectacle de la misère, et quelquefois, le cœur ému, ne laisse-t-il pas une aumône discrète à la pauvre mère de famille qu'il est venu menacer de saisie, d'expulsion? — Sans doute, il n'est pas un petit saint. — Souvent il lui arrive d'user et d'abuser du sursis, du renvoi, du référé : son humanité l'y engage une fois, son intérêt deux fois. — Très-souvent encore, il pousse à la consommation improductive des sommations, dénonciations, mises en demeure et d'autres exploits qui ne font ni bien ni mal. — Mais cela lui rapporte si peu!... 2 fr. 50 à 3 fr.... qu'assurément l'on manque de courage pour lui reprocher si légère convoitise. — Que celui d'entre nous qui est sans péché lui jette la première pierre! — Et d'ailleurs, que le créancier, qui fait saisir et vendre le chétif mobilier de son débiteur, interroge sa vanité!... Consentira-t-il, pour les minces émoluments d'un huissier, à se faire l'exécuteur de ses pénibles œuvres!... Au reste, il n'en faut pas conclure que l'huissier n'est pas assez payé. — Les petits ruisseaux font les grosses rivières, et, avec ses petits profits, l'huissier vit confortablement, met de côté pour marier ses filles, et achète encore le vignoble du protêt ou le domaine de la contrainte par corps. Il finira conseiller municipal ou maire de sa commune, n'en doutez pas, et sera couronné des grands honneurs du village...

Les huissiers qui terminent si honorablement leur carrière sont les huissiers honnêtes et modérés. — Quant aux autres, ils font exception, c'est justice d'en convenir. Du reste, traqués par messieurs du parquet, ils sont bientôt contraints de vendre, s'ils ne sont destitués pour leurs méfaits. — Que ces fripons aillent se faire pendre ailleurs! — Ils sont indignes de prendre place parmi les hommes de loi, qui, sans être des justes, ne sont cependant pas des malfaiteurs.

IV

L'AGENT D'AFFAIRES

De cet album doit être également exclu l'agent d'affaires. — La raison n'en est pas la même que pour les huissiers prévaricateurs. — Si ce concurrent des avoués est un fripon, c'est l'affaire de la vindicte publique. — S'il est immodéré dans la rémunération qu'il réclame, c'est affaire à régler entre lui et les chalands qui lui achètent ses services. — L'agent d'affaires n'est pas homme de loi; il n'est investi ni d'une charge officieuse, ni d'un office vénal. — Il est marchand de ruses, perfidies, embûches, traquenards, piéges à loup, et c'est un vilain commerce. — Mais ceux qui lui demandent de tels services peuvent-ils lui en reprocher le prix? — C'est l'achalandage qui fait la boutique. — Et enfin, certain avoué s'accorde avec lui mieux qu'entre eux ne s'entendent les larrons en foire : tous deux se valent, et l'image de l'un sera le portrait de l'autre. — Voyez donc, plus loin, le portrait de Me Fouinet.

V

LES AVOUÉS-SANGSUES

Me ESCOBAR

Ce maître-là est facile à reconnaître au cillement de ses yeux et à la manière empressée dont il accueille son client. — « Eh ! vous voilà, cher ami !... Bien le bonjour ! — (il lui presse la main, lui avance un fauteuil). — Comment va notre santé ? Votre dame, vos enfants se portent bien, j'espère ! — Et vos affaires, toujours prospères , grâce à votre habileté!... Si, si, ne soyez pas trop modeste, vous êtes connu pour le plus habile dans votre partie. — Et quel bon vent vous amène ? »

Le client, qui est marchand, lui raconte qu'un acheteur refuse livraison sous prétexte que la marchandise n'est pas conforme à l'échantillon. — Il avoue qu'à la vérité il a fait un mélange de sortes : mais le prix était si réduit! — « Ce n'est que cela! reprend l'honnête casuiste, ne vous inquiétez de rien, cher ami, tout le monde fait comme vous.... — Ah çà! votre acheteur a-t-il requis une expertise? — Non, me dites-vous; mais alors, il ne s'est pas mis en règle.... C'est un chicaneur. — Donnez-moi votre facture; je vais l'assigner et lui apprendre à vivre. » — Et le client se retire rassuré sur les conséquences de sa fraude. — Quelques jours après, la cause se plaide, et Me Escobar s'écrie, avec l'accent d'une loyauté indignée, que l'acheteur est un homme de mauvaise foi qui invente des difficultés pour obtenir des rabais impossibles.

Me RAPINAT

Cet avoué est moins prévenant que son confrère Escobar; il ne perd pas son temps en politesses.

Le client qui se présente à lui est un héritier qui a mangé en herbe la meilleure partie de sa part d'héritage. Ses deux frères et sa sœur veulent qu'il tienne compte des dettes que feu leur père a payées pour lui. Cette juste réclamation le contrarie et il vient demander conseil.

Me Rapinat a écouté sans mot dire; mais il a donné tous les signes d'une émotion croissante: son œil a brillé, ses lèvres se sont pincées, ses narines se sont dilatées. — C'est qu'il a entrevu une grande succession à décimer, et quand le client a fini: «Vos parents, monsieur, lui répond-il d'une voix stridente, se conduisent indignement. — Leur cupidité n'attend pas que les cendres de votre père se soient refroidies pour se venger de ses préférences pour vous. — C'est mal, très-mal. — Il y a, n'est-ce pas, des immeubles dans la succession ?... Ils sont considérables... Il faudra les vendre. — Oui, monsieur, je suis indigné de la conduite qu'on tient envers vous ! — Eh quoi ! votre père, de son vivant, n'était-il pas maître chez lui, maître de son bien ? — Oh ! je saurai bien vous défendre contre leur rapacité ! — Écoutez, monsieur, suivez mon conseil, n'attendez pas que l'on vous attaque ; formez tout de suite une demande en partage. — C'est vous qui dirigerez la poursuite et nous les verrons venir ! »

Le client se croit déjà quitte de ses dettes ; il donne son pouvoir, et Me Rapinat lance contre les frères et la sœur, surpris, ahuris, une demande en partage, licitation et liquidation.

Voilà donc des héritiers, tous majeurs, qui pouvaient se régler entre eux, à l'amiable, de gré à gré, à peu de frais ; les voilà désunis, irrités, par suite de l'odieux conseil de l'avoué Rapinat ; les voilà jetés dans les frais immenses d'un partage, d'une vente judiciaire, d'une liquidation incidentée de procès interminables, au grand profit des avocats pour, des avocats contre, de Mr Rapinat, poursuivant, et de Mes Escobar et Petit-Gagneux, avoués colicitants.

Me PETIT-GAGNEUX

Me Petit-Gagneux prend quelquefois le sobriquet de *Locatis*, à propos du rôle qu'il joue, c'est le mot, dans certaines affaires. — Conservons l'exemple de l'instance en partage ouverte par Me Rapinat. — Les parties assignées, les deux frères et la sœur ont, tous les trois ensemble, porté leurs copies à Me Escobar qui s'est chargé de les représenter. — Mais, après leur départ, Me Escobar se ravise ; il réfléchit que la succession est plantureuse et que, dans pareil cas, l'on doit faire régulièrement les choses. Cette pensée éclaire, illumine sa conscience timorée, et lui fait découvrir qu'il ne doit pas représenter la sœur qui est mariée et qui, peut-être, aura des intérêts opposés à ceux de ses frères. — Alors, sans prévenir la sœur, il remet sa copie à Me Petit-Gagneux, et Me Petit-Gagneux *occupera* pour elle sans qu'il la connaisse et sans qu'elle s'en doute.

Les esprits méticuleux (ils sont si étroits!) seront capables de blâmer Mes Escobar et Petit-Gagneux, pour avoir créé dans la cause un rôle d'avoué inutile et factice, et pour avoir, par là même, abusivement grossi les droits de vacation, notification, signification. « Fi donc! ripostera glorieusement Me Escobar, me prenez-vous pour un homme cupide? Non, je ne le suis point, et la preuve.... c'est que je laisse à Me Petit-Gagneux la *moitié* des honoraires. »

Cet avoué de louage a peu d'affaires *à lui*: cela vient-il de ce qu'il ne veut pas imiter la subtilité de Me Escobar, la rapacité de Me Rapinat?... Que nenni!... la nombreuse clientèle de l'un, les gros états de frais de l'autre lui font venir l'eau à la bouche et l'appétit ne lui manque pas. — Mais il aime la bière fraîche, la pipe culottée, le *far niente* de la brasserie; il prend gros ventre, et sa mollesse ne peut convenir aux clients chaleureux.

— Aussi, jamais il n'est chargé de chicanes équivoques, de procès scabreux, et si nous le classons parmi les avoués-sangsues, c'est uniquement parce qu'il leur sert de compère.

Me FOUINET

C'est le pire des mauvais, quoiqu'il ait une figure douce et des manières avenantes. Avec son air de mouton, il est plus carnassier qu'un loup, car il dévore ses clients et ses confrères.— Il finirait par être dévoré lui-même; mais, dans cette guerre acharnée, il a des souteneurs et des alliés.

Ses souteneurs sont des agents secrets, pisteurs, éclaireurs, qui battent les buissons et lui ramènent les affaires. — Ils sont parfaitement dressés pour flairer les cas de procès. Constamment en course dans tous les quartiers de la ville, ils écoutent à toutes les portes. Ils savent les voisins en querelle, les maris en déconfiture, les maris rossant leur femme, les parents qui trépassent, les héritiers de droit, les héritiers institués, les héritiers déçus. — Ils se glissent partout, pour conseiller procès de mur mitoyen, procès de bornage, procès de séparation de biens, procès de séparation de corps, procès de partage, d'annulation de testament, de captation, de donation déguisée. Ils s'ingénient à trouver des moyens de provoquer les désaccords, d'irriter les contendants, d'envenimer les discussions, d'enhardir la mauvaise foi. — Et quand ils ont déterminé leur dupe à plaider, ils déploient toute leur astuce pour l'entraîner chez Me Fouinet, l'avoué le plus savant, le plus habile, le plus zélé, le plus désintéressé, le plus loyal du département.

— Du reste, Fouinet est mon ami, mon camarade; je vous accompagnerai chez lui, je lui expliquerai votre affaire, je vous recommanderai. — Mais, dira le plaideur ébranlé, je connais Me Bontout, c'est le vieil ami de la famille; je lui ai déjà confié des affaires qu'il m'a très-bien conduites. Je ne voudrais pas le quitter. —

Me Bontout!... je le connais. C'est un excellent homme, j'en conviens, mais il se fait vieux ; il se refroidit, il n'est bon qu'à mener des affaires simples et faciles : tandis que le procès que vous allez faire n'est pas tout d'un mot. — Vous le gagnerez, cela est sûr; mais il le faut veiller comme le lait sur le feu, et vraiment Fouinet, le vigilant Fouinet, jeune, ardent, toujours sur la brêche, est seul capable de le mener à bonne fin. — Enfin, il persuade le plaideur, l'emmène chez Me Fouinet, le recommande chaudement, et le lendemain ou le procès terminé, il vient recevoir de Me Fouinet des remercîments et son courtage.

Dans les grandes occasions, Me Fouinet ne se repose pas sur ses pisteurs. — Instruit de ce qu'une grosse affaire s'apprête, il paye bravement de sa personne et ne s'amuse pas à des escarmouches. Il va droit au plaideur et l'aborde résolûment.

— Monsieur, lui dit-il, vous avez un procès dispendieux à soutenir; Me Rapinat, votre avoué, vous prendra 3,000 fr.; moi, je vous le ferai pour 2,500 fr., et j'espère vous prouver que pour les soins je ne le cède en rien à mon confrère. — Hélas! Me Rapinat a la réputation d'être cher, et son client lui est ravi..... Pauvre client! il ne se doute guère que s'il y gagne d'être moins écorché, il payera encore plus qu'il ne doit!

Me Fouinet est très-entendu en économie commerciale : il sait que vendre beaucoup avec un petit profit, c'est gagner plus que vendre peu avec un gros bénéfice. C'est pour cela qu'il fait des remises à des clients, qu'il alloue des primes à des courtiers, et qu'il partage avec les agents d'affaires, ses alliés.

Entre les agents d'affaires et lui, il existe une véritable association malfaisante. *Verbi gratiâ.* Un paysan s'en vient consulter Me Furinot, avocat rayé du tableau, et son affaire exposée, Me Furinot la déclare bonne, imperdable. — Le futé paysan, qui la sait mauvaise, très-mauvaise, s'étonne de si prompte décision, et sa figure prend un air soupçonneux, défiant. — Me Furinot s'en aperçoit, et de suite il lui offre de le conduire chez un avoué renommé, profond jurisconsulte, qui en sait plus long que tout le barreau. Il l'amène à Me Fouinet. Celui-ci fait expliquer le paysan, le fait répéter, ouvre son Code, feuillette un recueil d'arrêts, fait semblant de peser le pour et le contre, et décide enfin que le paysan a raison. — « Et vous, Me Furinot, quel est votre avis sur la question? — Mon Dieu! Me Fouinet, j'avais eu le bonheur de rencontrer votre opinion et je m'en fais grand honneur. » — Le paysan, convaincu, se décide à plaider contre sa conscience, et s'en va persuadé qu'en justice l'on pêche en eau trouble.

N'est-ce pas à rugir de colère contre les misérables qui font succomber des âmes débiles qu'une parole honnête rappellerait au devoir?

SILHOUETTES

Mais les avoués-sangsues s'inquiètent peu de la morale : Les procès sont des produits qu'ils ont à fabriquer et à vendre, sans qu'ils aient à répondre de leur qualité.

Certains avoués adoptent cette opinion risquée et y accommodent leur honneur, sans, cependant, causer grand préjudice à la société ; car ils sont à peu près nuls et inoffensifs. Aussi ne leur accorderons-nous que la mention d'un profil.

Ce sont des gentilshommes, coiffés, pommadés, mis au dernier goût. Ils ont acheté leur office pour en faire, non un instrument de travail, mais un instrument de production. — Ils viennent, à leurs heures, siéger quelques instants dans leur cabinet, sans nul souci des heures qui conviennent au client. N'est-il pas fait pour attendre? — Ils viennent tard, parce qu'ils ont passé la grasse nuit dans les plaisirs. Ils reçoivent le client d'un air morose, couchent à la hâte, sur le dossier, des notes décousues, et se lèvent pour congédier. — Point d'explications, point de détails : c'est inutile; ils connaissent votre affaire mieux que vous. — Ces clients, choyés jadis, et maintenant rudoyés, ne remporteraient-ils pas leurs cadeaux s'ils en avaient apportés? Mais cette habitude est perdue depuis que les beaux messieurs ne savent ni être polis, ni cacher leurs doigts crochus, ni gagner les procès. — Avocats manqués, ils ne connaissent pas plus le droit que la jurisprudence; parfois même, ils bâtissent des demandes qui n'ont ni queue ni tête. — Passe encore s'ils avaient le bon esprit d'être coulants sur les frais! mais ils sont durs, insatiables, et les clients, indisposés, les quittent pour aller chez les agents d'affaires. — Fureur des gandins! Vengeance des agents d'affaires insultés !.... La taxe ! la taxe ! est le cri de représailles ; et le client, bien renseigné, refuse les honoraires, demande la taxe, veut voir la taxe, et ne paye que la taxe.

VI

INUTILITÉ DU MINISTÈRE D'AVOUÉ

Complainte des Avoués-sangsues

« Plus d'honoraires, s'écrient Mes Escobar, Rapinat et Cie, plus d'honoraires et rien que la taxe !... Encore si les juges étaient raisonnables ! Mais ils sont sévères, rigoureux, intraitables, et peut-être envieux de nos maigres émoluments... — C'est une indignité !... Nous avons acheté nos offices à prix d'or, et nous serions réduits aux bas prix du tarif !... Avoir acheté si cher pour gagner si peu ! — Mais l'argent, aujourd'hui, ne vaut pas ce qu'il valait autrefois !... Les prix du tarif sont toujours les mêmes, ils n'ont pas été relevés ! — Qu'on les mette en harmonie avec la cherté des subsistances et des loyers !... Mais hélas ! c'est peut-être l'autorité qui a donné l'ordre de nous taxer si sévèrement ! Elle veut abolir les offices, et pour ravoir les nôtres à rien, elle s'arrange de manière à en diminuer les *rendements*.... Nous sommes victimes du socialisme ! »

Voilà-t-il pas, nos maîtres, les objections, les objurgations, les foudres que vous lancez contre les prétendus auteurs de votre décadence !... Permettez, messieurs, que l'on vous réponde.

Réponse aux Sangsues

Le client sait fort bien que pour être bien servi, il faut bien payer. Ce n'est pas lui qui marchandera votre rémunération, quand vous l'aurez conseillé avec conscience, dirigé avec connaissance de cause; quand vous aurez prudemment engagé la demande, surveillé constamment la procédure; quand vous aurez pris communication réelle des pièces de la partie adverse, analysé fidèlement les titres pour et les actes contre composé des notes raisonnées sur le fait, sur droit, sur la jurisprudence; quand vous aurez conféré avec l'avocat, assisté à sa plaidoirie, relevé ses omissions; quand vous aurez suivi l'affaire avec soin, avec zèle, depuis le commencement jusqu'à la fin.

Autrefois, les avoués faisaient ainsi, et le client les comblait de cadeaux, payait l'état des frais, payait les honoraires et remerciait encore avec force salamalecs.

De nos jours, le client est toujours le même, il n'a pas changé. — C'est vous, messieurs, qui avez dégénéré, qui avez quitté la trace de vos devanciers.

Vous, Mes Escobar, Rapinat et Fouinet, si vous êtes des travailleurs infatigables, vous faillissez au début, vous donnez un conseil déloyal. — Vous voyez une cause injuste ou mauvaise, et vous l'affirmez juste, imperdable. Vous flattez la passion du client, pour ne pas manquer le procès ; et quand sa passion est calmée, le client reconnaît votre manque de foi, vous méprise et vous demande la taxe.

Et vous, messieurs les gentilshommes, si heureux que vos pères soient nés avant vous, vous faillissez au début, au milieu, à la fin, tout le long du procès.

Vous n'êtes pas polis, vous n'êtes pas instruits,

vous n'avez pas l'esprit des affaires. — Vous êtes paresseux, vous êtes ennuyeux. Vous laissez vos clercs minuter, grossoyer, copier, porter le dossier à l'avocat, sans y avoir rien écrit, rien noté de votre blanche main. Vous faites un procès sans savoir le premier mot de la difficulté.

Discussion

« Mais c'est à l'avocat d'étudier son procès, de préparer sa plaidoirie, dira Me de la Bourdelière, cela ne me regarde pas. »

Tout beau, messire! Si le client est forcé d'apprendre lui-même l'affaire à l'avocat, vous perdez sa considération ; et si l'avocat fait toute la bonne besogne, pourquoi le client vous payerait-il des honoraires ?

— « Ah mais ! les affaires sont si nombreuses que ma santé ne pourrait suffire au travail ; je ne veux pas mourir à la peine comme Me Martinet. »

Prenez donc garde, monsieur ! Vous ne défendriez pas plus mal la cause d'un client. Vous trahissez la cause commune, celle de vos confrères et la vôtre! — « Les affaires sont si nombreuses! » a dit l'enfant terrible. — Cela est vrai, messieurs. En 1807, à l'époque où a été décrété le tarif, l'avoué d'une grande ville comptait 60 affaires, bon an, mal an; tandis que dans la même ville, en l'année 1864, il en compte 300. — Ainsi, messieurs, vos affaires ont quintuplé; vous gagnez cinq fois plus, et quelques-uns, dix fois plus que l'avoué de 1807. — Or, l'argent de 1807 a-t-il, aujourd'hui, perdu cinq fois de sa valeur? Faut-il un franc pour payer l'ancienne livre de pain de quatre sous! — Faut-il 1500 fr. pour payer l'ancien loyer de cent écus?... — « Je ne veux pas mourir à la peine, » a dit encore le naïf de la Bourdelière. — Mais cela signifie en bon français : Je ne veux rien faire et beaucoup gagner. Allons, un peu de vergogne, ne parlez pas de la sorte au client qui amasse péniblement l'argent qu'il vous apporte.

Vous vous plaignez de la rigueur des juges taxateurs. — Mais ces magistrats sont chaque jour témoins de l'inutilité des écritures que font vos clercs et de votre défaut de scrupule, de science et de soin !

Vous les soupçonnez *envieux* de vos émoluments. — Ce n'est pas le mot, messieurs : les magistrats sont *jaloux* de ne pas se rendre complices de votre foi vénale.

« Nous avons acheté cher nos études ! » Telle est la clameur de toute la compagnie. — C'est vrai, messieurs, vous avez cher, trop cher acheté ; mais à qui la faute ? — Au client dont vous avez acheté la tonte ?... *Bone Deus !*... A votre prédécesseur ?... Mais s'est-il engagé à vous inoculer ses qualités ? Vous a-t-il garanti la confiance de ses clients ? —Vous êtes, messieurs, dans la position d'un industriel qui achète une manufacture bien roulante et bien prospère. Comme vous, cet industriel fabrique mal ou altère ses produits. Qu'arrive-t il ? Le consommateur refuse les produits falsifiés ou mal fabriqués, et la manufacture tombe. — C'est bien votre cas, messieurs! — Vous falsifiez, Me Escobar, et vous mal fabriquez, Me de la Bourdelière?... Que votre industrie soit à jamais discréditée, perdue, ruinée, enterrée !

La comparaison vous déplairait-elle, messieurs ? — Mais quand on vous reproche un procès, dont l'injustice ou la sottise saute aux yeux, ne répondez-vous pas effrontément : « Il faut bien que le marchand vende pour faire ses frais et pour vivre. De même et pour les mêmes raisons, il faut que nous fassions des procès. Tant pis pour le client si le procès ne vaut rien ! cela ne nous regarde pas. » — Entre nous, messieurs, il y a une petite différence : c'est que notre comparaison est juste, et que la vôtre cloche. Car, si le marchand présente sa marchandise avec adresse, s'il l'expose, la déploie, la fait ressortir et la vante, s'il s'applique à persuader le chaland ; celui-ci, de son côté, examine, tâte, regarde, tourne et retourne avant de se décider. — Or, le client n'est pas un chaland qui s'entende à choisir la marchandise; c'est au contraire un chaland qui ne la connaît point, et s'en rapporte à vous de confiance. — Il vient dans votre cabinet, vous raconte ce qui lui est arrivé et vous prie de le tirer d'embarras; mais, avant tout, il s'en remet à votre conseil. — Et vous, messieurs, ne devez-vous pas le conseiller, l'éclairer, le diriger en conscience ? vous qu'il payera pour cela, vous qui écrivez le droit de consultation en tête de votre état de frais ? — Vous vous comparez, messieurs, au marchand : mais, le marchand répond de sa marchandise, qualité pour qualité, quantité pour quantité. — S'il trompe, s'il vend du coton pour de la laine, ou s'il pèse faux poids, c'est un fripon; et Me de la Bourdelière lui-même suppose bien que le droit à friponner ne se retrouve ni dans le droit romain, ni dans le droit français. — Ne dites pas, messieurs, pour l'honneur de la corporation, n'osez pas dire que vous avez pu vous tromper ! — Ce serait une défaite; et vous qui avez en horreur le brouet noir de Sparte et son communisme, vous ne revendiquerez pas l'impunité que la ville socialiste accordait au voleur qui savait échapper au flagrant délit.

« L'autorité veut reprendre nos offices à vil prix ! » — C'est ainsi que vous finissez votre argumentation, en gémissant ou vous fâchant, selon que vous êtes craintifs ou rébarbatifs. — Ah ! messieurs, dans l'un et l'autre cas, vous êtes des ingrats. — L'autorité de 1800 a eu tort de rétablir votre ministère inutile, et l'autorité de 1816 a eu le tort plus grave de rétablir la vénalité : nous autres clients, à l'unanimité, nous sommes de cet avis. — Mais ces deux autorités étaient loin de prévoir que les modestes auxiliaires qu'elles voulaient donner à la justice deviendraient des industriels fabricants de procès. — Eh ! que sait-on ? si elles gouvernaient en 1864, seraient-elles moins endurantes que l'autorité démocratique ? Car enfin, l'autorité démocratique, qui se définit l'autorité déléguée par le populaire, devrait s'inspirer de l'avis du populaire ; et si elle le suivait, votre ministère, messieurs, serait bel et bien supprimé. Elle profiterait même du moment défavorable où vous êtes, du moment favorable où nous sommes. — Regardez donc, messieurs, autour de vous! — Vous êtes dans une complète décrépitude, vous êtes tombés dans l'enfance. Vos de la Bourdelière ne savent pas même rédiger des conclusions sans l'aide des avocats. Votre déchéance existe : n'est-ce pas le cas de la prononcer? Du reste, les huissiers ne sont-ils pas assez instruits, assez bien élevés pour paraître décemment devant les Cours et les Tribunaux, pour déposer des conclusions, requérir des renvois, *pour postuler* aussi convenablement que vous le faites? — Allons, messieurs, vos services sont inutiles, faites un paquet de la toque, du rabat et de la robe, et partez sans tarder!... Et si jamais l'on vous pleure, ce sera quand vous reviendrez.

« Mais notre indemnité! » — C'est juste, messieurs, c'est très-juste. Mais si l'on nous consultait, la carte à payer ne serait pas réglée comme l'autorité paraît l'entendre. — Elle vous permet de vendre vos offices d'après le *rendement* de vos études, et ce rendement serait apparemment la base de votre indemnité. Mais l'autorité, que vous accusez de socialisme, commet une grave erreur, à votre grand profit. Le rendement de vos offices ne comprend rien de plus que les émoluments que vous alloue le tarif, et le rendement de vos études renferme, en plus, les honoraires que vous tirez à titre de rémunération surérogatoire. Or, l'on ne vous doit que le rachat de l'office et non le rachat de l'étude. Vous serez bien forcés d'en convenir, MM[es] Escobar, Rapinat et consorts? vous qui, le ministère d'avoué supprimé, ouvririez des cabinets d'affaires, pour exploiter l'achalandage de vos études. — Voudriez-vous recevoir le prix et garder la chose?... Donc, remerciez Dieu de ce que le populaire n'est pas appelé à dire son mot sur la question; et détestez votre ingratitude envers l'autorité qui vous protége.

VII

LES AVOUÉS HONNÊTES

Me BONTOUT

Il existe encore quelques avoués du temps où la corporation avait atteint l'apogée de sa gloire, maintenant éclipsée. — Le respectable Me Bontout est l'un de ces vétérans. Il nous donne le spectacle de mérites, de vertus qui réconcilieraient avec l'institution si ces qualités étaient moins rares. Voyez la vie de dévoûment et d'abnégation que mène cet homme, honnête par excellence! — Le matin, il arrive à l'étude avant ses clercs, vérifie le travail de la veille, et ordonne celui de la journée. Doucement, il gronde les clercs retardataires, et se renferme dans son cabinet pour attendre les clients. C'est avec une attention appliquée, soutenue, qu'il écoute le récit, le plus souvent embarrassé et embrouillé, que le client lui fait. — Puis, il interroge ce client inhabile, le questionne, le met à l'épreuve pour s'assurer de sa véracité, et finit par apprendre l'affaire dans tous ses détails. Si le procès lui paraît injuste, par des paroles sages, réservées, il le fait comprendre au client, et l'engage à se désister de ses prétentions. Si le procès lui paraît juste mais chanceux, il propose au client d'aller consulter son avocat. — Si le procès lui paraît bien fondé; il consigne avec soin tous les faits utiles, analyse toutes les pièces, en écrit des extraits bien distribués, et formule lui-même la demande. — Il remplit sa tâche avec le même zèle jusqu'à la solution. Il surveille la procédure, les interrogatoires, les enquêtes, les expertises, confère avec l'avocat, assiste aux plaidoiries, et paye de sa personne dans toutes les phases de l'instance. Enfin, si le procès se perd, il s'en désole sincèrement avec le client; si le procès se gagne, il ne s'en prévaut pas, et, dans l'un et l'autre cas, son état de frais est toujours modéré, conforme au tarif. Demande-t-il des honoraires? il prévient d'avance qu'il n'a pas le droit de les exiger. Et certes, Me Bontout ne perd pas à être loyal : ses clients l'estiment trop pour lui refuser jamais des honoraires si bien gagnés.

Me ALPHONSE

Me Alphonse est franc, vrai, sincère, plein d'honneur et de probité; mais il n'est pas aussi parfait que le vénérable Me Bontout : cela lui viendra, patience! — car son imperfection naît de la pétulance de son sang généreux, et, à son tour, il vieillira, refroidira, se corrigera de cet envié défaut de jeunesse... à moins qu'il ne se gâte en mauvaise compagnie. Qui le connaît à fond, prédira à coup sûr qu'il ne se dépravera pas. — Me Alphonse est d'une loyauté fortement trempée; il ne saurait transiger sur le devoir; il n'admet pas les accommodements avec la délicatesse; il est tout d'une pièce. — Sans doute, son ardeur pour le bon droit, sa vigoureuse haine pour l'injustice, peuvent éblouir sa prudence, dans les luttes difficiles qu'il devra soutenir contre les bassesses, les ruses, les perfidies de la mauvaise foi, — mais l'expérience viendra! — Et, en somme, nous le donnons pour un véritable phénix, parce qu'il est doux, civil, complaisant, instruit, laborieux, consciencieux, quoique fils de famille.

« *A duobus disce omnes.* » Nous nous arrêtons à ces deux portraits; la cause en est que les avoués honnêtes ressemblent tous à ces deux types : voilà tout le mystère. — Voyons si nous serons plus heureux avec les avocats.

VIII

AVOCATS

Accident photographique

C'est un véritable malheur qui nous arrive, à notre grand désespoir! Nous avons fait poser tous les avocats qui passent pour honnêtes, bons, probes et délicats; et nous n'avons obtenu aucune épreuve réussie. C'est impossible, il y faut renoncer! A chaque fois, un reflet s'est interposé, et a masqué le visage du poseur. Le masque est diaphane, perlucide, cela est vrai; mais au delà, les traits de la personne ne sont pas accusés, la teinte est affaiblie, méconnaissable. — Nous avons recherché la raison de ce phénomène, et voici le résultat de nos patientes investigations. — Nous avions précédemment observé que les femmes jolies ne sont jamais bien rendues par la photographie : elles y perdent la grâce de leurs traits fins et délicats, et l'on croirait que la brillante lumière est jalouse de leurs charmes. — Ce qui porte à médire ainsi de la lumière, c'est que les femmes laides sont toujours reproduites avec une ressemblance qui les agace. — Cette double observation a guidé nos recherches. — L'avocat, au palais, est, également, un intéressant animal qui s'habille, babille, et se déshabille : donc, il doit exister une affinité de nature entre les deux robes. L'avocat honnête serait-il la femme jolie, et le méchant, la femme laide?... Faisons poser un méchant, et soyons attentifs. — Dieu! comme il est admirablement *venu!* C'est une reproduction merveilleuse!...

L'on dirait même que les traits sont plus fortement accusés, grâce au reflet qui reluit autour de la tête, comme une auréole... Singulier phénomène !... Ce reflet serait-il l'auréole distinctive de l'avocat !... Mais alors, pourquoi pâlirait-il, l'homme bon, et donnerait-il du relief au méchant?... Quoi qu'il en soit, nous renonçons à photographier les bons... qu'ils s'en consolent avec les femmes jolies ! — Vous, méchants, paraissez ! et soyez agacés comme des femmes laides !...

Cependant, il faut être juste pour tout le monde; et comme nous savons que l'auréole des Chrysostômes n'est pas une auréole de saint, nous croyons devoir, avant de montrer nos portraits, expliquer, à qui ne le sait, ce que l'on entend par avocat. — Les méchants y pourront trouver, en leur faveur, des circonstances atténuantes, dont ils seront libres d'invoquer le bénéfice.

Type de l'Avocat tel qu'il doit être

L'avocat n'est pas ce qu'un vain peuple pense. — Le peuple s'imagine qu'un avocat est le champion du bon droit, le soutien de l'opprimé, le défenseur de la veuve et de l'orphelin. — Il croit que sur deux avocats qui plaident en sens contraire, il y en a toujours un que son client a trompé indignement. — L'avocat! c'est un homme de vertu sublime, d'une instruction profonde, d'une science universslle; il en remontrerait au notaire qui passe les contrats, au curé qui prêche en chaire : il en a tant appris au collége et à Paris! Il voit tout, entend tout; il sait tout et n'ignore de rien : c'est un émule de Dieu sur la terre.

Et vraiment, le peuple, naïf et crédule, a de

l'avocat la même estime qu'en eurent d'illustres chanceliers. La seule différence en est dans l'élévation du langage.

« L'ORDRE DES AVOCATS EST AUSSI NOBLE QUE LA VERTU. »

« La fortune perd tout son empire sur une profession qui n'adore que la sagesse. »

« Si cette profession conserve encore des passions, elle ne s'en sert plus que comme un secours utile à la raison ; et les rendant esclaves de la justice, elle ne les emploie que pour en affermir l'autorité. »

« Avocats, vous êtes moins dominés par la tyrannie des passions que le commun des hommes ; vous êtes plus esclaves de la raison. »

« Heureux d'être dans un état où faire sa fortune et faire son devoir ne sont qu'une même chose ; où le mérite et la gloire sont inséparables ; où l'homme, unique auteur de son élévation, tient tous les autres hommes dans la dépendance de ses lumières, et les force de rendre hommage à la seule supériorité de son génie. »

Vertu, sagesse, fidélité au devoir, subjugation des passions, indépendance, noblesse de sentiments, élévation d'esprit, haute raison, lumière et génie : voilà la magnifique litanie des mérites que possédait l'avocat..... de l'ancien régime. Comment une profession dont la vertu faisait toute la noblesse, a-t-elle déchu d'une noblesse qui a existé, puisque Daguesseau ne peut être un faux témoin ?...

De nos jours, Dieu merci, nous avons des avocats dignes d'éloges; mais leurs mérites, ornements privés de leurs personnes, font contraste avec les vices qui sont devenus les attributs de leur profession. — Pour preuve, écoutons les tristes lamentations d'un jeune avocat sans cause, qui sollicite son père de le faire entrer dans la carrière du commerce.

Type de l'Avocat tel qu'il est trop souvent

« Mon bon père, écrit l'apostat, pour vous rallier à ma détermination, je dois ne vous rien céler de tout ce qui peut éclairer votre grande sagesse. Je vais donc vous dire toutes mes impressions, depuis mes études de droit jusqu'à cette heure.

» A Paris, je le confesse avec sincérité, je n'ai pas donné tout mon temps au travail. Ne soyez pas trop sévère, mon cher père, si j'insinue que la dissipation de l'étudiant est un mal nécessaire, un mal d'où naît un grand bien, de même que de la décomposition du grain répandu dans le sillon, se dégage le germe du beau froment. Cette dissipation est inséparable de certaines épreuves qui tempèrent la pétulance et rectifient les illusions de la jeunesse. — D'ailleurs, l'étudiant qui travaille n'est pas plus avancé que l'étudiant qui s'amuse, lorsque tous deux, passés docteurs en droit, grâce aux efforts d'une mémoire heureuse, arrivent au barreau de leur grande ville. Celui qui a rudement travaillé pendant son cours s'imagine entrer de plain-pied dans les affaires, fort de ses connaissances théoriques; mais il est plus embarrassé de son lourd bagage que l'autre ne l'est de sa science superficielle. — Franchement, les affaires sont de l'hébreu pour nous, et, pendant tout notre stage, nous nous obstinons à les lire de gauche à droite, tandis qu'elles sont écrites de droite à gauche. — Nous avons bien des conférences, mais elles développent notre intelligence du droit sans nous inspirer l'esprit des affaires, et nous arrivons à plaider quelques minces causes, sans avoir acquis l'expérience qui nous est indispensable, pour nous en tirer avec honneur. Car, nous ne savons pas discerner le fort et le faible, ni trier les faits qui doivent frapper les juges. Nous sommes incapables de découvrir si notre cause est bonne ou mauvaise; nous la croyons toujours juste, et nous la défendons avec une vivacité imprudente qui, bien des fois, fait condamner notre client sur notre propre plaidoirie. C'est enfin, aux dépens des clients, que nous apprenons notre état.

» J'insiste là-dessus, mon père, parce que je suis scandalisé d'entendre d'anciens confrères soutenir, hardiment, que l'avocat a droit à des honoraires élevés pour rentrer dans ses frais d'étude et de stage.

» Mon père, vous qui m'avez donné l'exemple de la probité la plus austère, qui m'avez si souvent enseigné les principes de la délicatesse la plus scrupuleuse, quelle ne sera pas votre surprise, quand je vous aurai dit comment notre profession est comprise par le grand nombre des avocats.

» Je mets à part les avocats stagiaires. Ces braves jeunes hommes, quelque folles qu'aient été leurs années d'école, ont conservé le sens moral intact; et, ils arrivent au palais tout pleins de zèle à défendre le juste contre le méchant, le faible contre le fort, tout prêts à pourfendre l'iniquité, la spoliation : ils ne demandent qu'à se dévouer, qu'à plaider pour rien, sans se douter que pour le client ce serait encore trop cher. Aussi quelle surprise est la leur quand ils entendent dire autour d'eux : — « Il n'y a de cause » bonne que celle qui se gagne. — Il faut tout » plaider et se faire largement payer. » — Ou bien — « Mon père ne m'a pas fait avocat pour plai» der gratis ; que les veuves et les orphelins s'a» dressent au bureau d'assistance judiciaire. » — Ou bien encore — « J'ai été mal payé de mon » client : cela m'apprendra à trop bien étudier » les affaires. » Pour comprendre comment se produisent au grand jour des maximes si déhontées, il faut savoir qu'il existe dans notre barreau une fourmilière d'avocats sans cause qui, tous, sont impatients de leur inaction, de leur obscurité, et dont quelques-uns sont affamés. C'est dix longues années que dure leur martyre, et, au bout de ce temps, il faut, pour réussir, se résoudre à mettre en pratique les maximes indélicates que je viens de citer, et commettre des actions qui me font éprouver une répugnance invincible.

» Ainsi, je ne déserterai jamais la cause d'un malheureux qui ne pourrait me payer. Je n'exigerai pas que mes honoraires me soient comptés d'avance : c'est un procédé qui me paraît odieux et contraire à la dignité d'une profession que la loi n'a point tarifée. Croiriez-vous, mon père, que parmi nous l'on trouve tout simple de décliner cet honneur? — Si un client refuse à son avocat des honoraires arbitrairement exigés, l'avocat a recours, pour le contraindre, au stratagème que voici : L'avocat remet à l'avoué une quittance *simulée* de la somme qu'il exige, et avec cette pièce, l'avoué assigne le client en remboursement de l'avance qu'il est censé avoir faite. — Le client, assigné, se laisse dire que l'avoué n'a pu refuser de régler l'avocat : il ne soupçonne pas que l'avoué n'a rien payé; il se croit obligé de rembourser, et il s'exécute.

» Du reste, cette faute contre la délicatesse est la moindre de toutes.

» Ainsi, certains avocats reconnaissent-ils que la cause dont ils sont chargés est mauvaise, ils ne refusent pas de la plaider comme c'est leur devoir, mais ils font venir le client, et lui déclarent qu'ils ne plaideront pas un si mauvais procès, s'il ne consigne d'avance une somme élevée qu'ils proportionnent à la fortune du patient.

» D'autres avocats plaident le pour et le contre sur la même question, sans aucune hésitation; ils ne craignent point de prouver qu'ils sont sans dignité, et que leur opinion ne connaît d'autre critérium que l'argent.

» D'autres encore délivrent des consultations à souhait, moyennant un honoraire qui s'élève en proportion des soins qu'il faut prendre pour pallier l'injustice de la solution. Je connais un avocat qui a délivré deux consultations, en sens contraire, à deux parties adverses, à chacune la sienne. Il n'y avait qu'un intervalle de 45 jours entre les deux consultations.

» Assurément, j'admets bien, mon père, que devant la police correctionnelle et devant le jury, un avocat soit obligé de défendre un accusé qu'il sait coupable. Ce sont de hautes raisons qui lui font un devoir de préserver du déshonneur un homme qui peut redevenir honnête, de sauver un criminel emporté par une passion plus forte que la volonté. Et d'ailleurs, un accusé peut être innocent, quelles que soient les fatales apparences : c'est une mission sublime que celle de disputer son honneur ou sa vie à la vindicte publique.

» Mais devant la juridiction civile, il n'en est pas de même. — L'avocat qui défend une cause qu'il sait injuste se rend complice de son client, et s'il gagne, il inspire à ce client la pensée, le dessein, de se jouer encore de la justice humaine.

» La connivence est encore plus dangereuse, quand il se fait l'âme damnée de son client pervers et que, pour l'improbité de celui-ci, il se livre contre la partie adverse à des injures révoltantes. — Le plus honnête homme du monde est indignement sali par ce diffamateur public; ses actions les plus simples sont travesties, ses intentions les plus droites sont incriminées, sa bonne réputation est le fruit d'une hypocrisie habilement dissimulée. — Un jour, j'ai entendu l'un de ces avocats, se tournant vers la partie adverse, l'accabler d'invectives, la montrer du doigt et caricaturer sa grosse tête, sa figure enluminée et son ventre arrondi.

» Et moi, je descendrai à faire un tel métier !.... Vous ne le voudrez pas, mon père, et sans tarder, je vais réfuter d'avance la seule objection qu'il soit possible de me faire.

» Ces avocats cupides, indélicats, insulteurs, me direz-vous, sont des gens de mauvaise compagnie; il n'y a qu'à ne pas les imiter, et à ne pas les fréquenter. — La profession n'est pas responsable de défauts et de vices qui sont propres aux personnes. — Dans le commerce, il y a des fripons, ce n'est pas une raison pour que tous les commerçants soient déshonorés. —

Voilà, je crois, l'objection dans toute sa force, et voici ma réponse : — Oui, cela est vrai, les fautes sont personnelles, et un honnête commerçant comme vous l'êtes, mon père, n'est pas déshonoré parce que le commerce recèle des fripons. — C'est mon avis, et je crois que l'honneur d'une maison connue depuis de longues années, pour la loyauté de ses produits et de ses transactions, est rehaussé par le contraste de l'improbité des négociants qui trompent ou falsifient. — Je le crois si fermement que j'en fais un motif pour vous prier, mon père, de m'associer à votre maison de commerce. — Mais aussi, les commerçants n'affichent pas la prétention au droit de tromper et de falsifier ; tandis que les avocats invoquent, à titre de privilége inviolable, le droit d'apprécier, à leur gré, les actes et les intentions de la partie adverse, de les interpréter selon leur bon plaisir, sous la seule censure des juges qui les entendent et qui, par respect pour les immunités de la défense, souffrent tous les écarts des fougueux orateurs. — Ce privilége existe-t-il dans les lois, dans les décrets, dans les ordonnances qui constituent la charte de notre profession!...... Cela me paraît douteux, puisque cette charte nous oblige expressément à la délicatesse qui ne se peut concilier avec la diffamation. — Mais il me suffit que ce privilége honteux soit invoqué et mis en pratique pour que je répudie la profession qui s'en prévaut et en fait usage. — Car je ne connais pas d'exception : Tous les avocats insultent, les uns avec grossièreté et emportement, les autres avec esprit, avec retenue, selon leur nature et leur éducation. Dans les mauvaises tendances, il n'y a, dit-on, que le premier pas qui coûte. — Aussi, l'avocat qui a commencé par exercer le droit de diffamer pour soutenir une cause juste, finit-il par se permettre de diffamer à tort ou à raison, sans y attacher la moindre importance, et sans croire qu'il cesse d'être honnête homme : il ne se croit *qu'un organe*. — L'avocat, sans scrupule, va plus loin ; il diffame à tout propos et fait argent de la réputation d'insulteur incisif qu'il a su acquérir. Il trouve équitable d'exiger un prix élevé de la plaidoirie insolente qui a valu à sa partie un bièn qui ne lui appartenait pas, sans s'apercevoir que, lui même, il prend sa part d'un bien mal acquis. — C'est de la sorte que le privilége d'insulteur devient la source des abus qui caractérisent et déshonorent la profession d'avocat.

» Or, il faut choisir : Faire comme le grand nombre ou ne pas plaider. Les avocats qui se laissent entraîner à la dérive s'y croient forcés pour conquérir et conserver une clientèle, et ceux qui résistent au courant ne plaident que par hasard. Quelques talents, à la vérité, s'élèvent et planent sans s'aider des ailes noires des harpies ; mais je ne suis pas un talent. Je quitterai donc une profession que je ne puis exercer avec distinction sans surmonter des répugnances que mon père approuve et partage, j'en suis sûr. »

Le père de famille fut convaincu. — Son fils

est aujourd'hui un négociant très-honorable; ses concitoyens l'ont élu juge au tribunal de commerce; et sous la robe consulaire qu'il porte avec dignité, il écoute avec défiance les plaidoyers de ses anciens confrères qu'il rappelle à la question dès qu'ils entament le chapitre des personnalités.

Voilà donc le type de l'avocat modèle, d'après la charte de sa profession : il n'est pas flatteur pour la charte, s'il est vrai qu'elle exige de l'avocat la délicatesse et lui permette la diffamation. — La délicatesse, vierge immaculée, et la diffamation, fille des rues, ne peuvent coucher dans la même alcôve. La question est donc palpitante d'intérêt, et nous promettons de la résoudre.

Mais, auparavant, exhibons notre galerie d'avocats.

Me BEAU-REGARD

Qu'il est bien Me Beau-Regard !... Avocat tout frais, il a quitté son garni pour se mettre dans ses meubles. Il a pris une bonne pour ouvrir à ses clients futurs. Posé devant sa glace, affublé de sa robe, le chef couvert de sa toque, il se mire avec complaisance, se compose un air digne, s'essaye à transfigurer l'étudiant d'hier en un personnage relevé. O bonheur ! il a *attrapé* le point de distinction qu'il désire. De joie son cœur déborde ; son imagination s'exalte ; son visage s'épanouit ; sa voix éclate en accents solennels : — « Messieurs de la Cour, *clame-t-il*, je ne suis pas étonné de l'affluence qui remplit et inonde cette enceinte.... » — Le naïf jeune homme rêve qu'il débute dans une affaire éclatante, qu'une foule d'auditeurs l'écoute avec admiration, qu'il fait assaut d'éloquence avec un adversaire renommé, et qu'il gagne sa cause avec grand honneur. Peu s'en faut qu'il n'entende tinter la sonnette de sa porte et sa bonne ouvrir aux clients que sa réputation fait accourir.

Les clients d'un avocat stagiaire !... Mais laissons à ce grand enfant le charme de ses illusions; ne lui soyons point cruel : le vrai bonheur n'est-il pas dans les imaginations de l'espérance ?

Content de sa personne, ivre d'espoir, Me Beau-Regard ne peut rester en place. Il fréquente les amis de sa famille, se fait présenter à leurs connaissances, multiplie ses visites, s'introduit partout, et partout en entrant, il dit majestueusement au domestique : — « Annoncez Me Beau-Regard, avocat ! » — Il est ébloui, c'est le mot. Néanmoins, soyons tranquilles. Nulle part, il ne perdra la tramontane. Il saura très-bien étaler sa science devant les papas, faire des compliments aux mamans, dire des jolis riens aux demoiselles; et, dans tous les salons, les plus douces voix répéteront : Qu'il est bien, Me Beau-Regard ! qu'il est savant ! qu'il est charmant ! qu'il est gentil !

Hélas ! malgré les succès de son maître, la bonne passe de longs jours, de longs mois, sans voir aucun client venir. Car les papas ont consulté le savant docteur sur la pratique des affaires, et bien vite ils ont compris qu'il n'y voit goutte; les mamans n'ont pas de procès ; et les demoiselles ne se doutent guère qu'un avocat, qui babille si agréablement, puisse manquer de veuves et d'orphelins à défendre.

Enfin, Me Beau-Regard s'aperçoit que ses amis les plus intimes prétextent des raisons *en l'air* pour porter, à d'autres qu'à lui, leurs procès, même les plus petits. Cette découverte le force à réfléchir et dessille ses yeux. — « L'on n'a pas confiance en moi, raisonne-t-il; allons entendre nos confrères pour apprendre ce qui nous manque. » — Et le voilà qui prend son parti en garçon d'esprit qu'il est, et qui se met à suivre les audiences de la Cour, du Tribunal civil et *de la Correctionnelle.*

Il commença par les audiences de la Correctionnelle, où il rencontra les avocats qui cultivent la clientèle des prisons, faute de mieux. Mais *le mêlé* de talents hâtifs, de talents avortés, de talents besogneux qu'il y trouva, lui fit mal. Un jour, il entendit Me Soty, avocat-quinze-sous, s'escrimer à défendre un voleur surpris en flagrant délit : — « Messieurs, plaidait Soty, le ministère public reproche au prévenu d'avoir été pris la main dans le sac. Mais, messieurs, c'est là précisément une circonstance atténuante qui prouve combien mon client est novice ! » — Rire général qui gagne le président, les juges et le substitut. — « Hé ! messieurs qui riez ! je voudrais bien vous voir à ma place, pour savoir ce que vous diriez de mieux pour les quinze sous que mon client me donne ! » — Me Beau-Regard, froissé dans la dignité de sa robe, sortit à l'instant, et jura de ne plus revenir dans un lieu si mal hanté.

Dans la crainte de ne pas trouver meilleure compagnie à la barre du Tribunal civil, il se rendit tout droit à la Cour. A ce moment, l'audience était présidée par un ancien avocat, si ancien qu'il ne se souvenait plus de l'avoir été. Ce président, en cheveux blancs ou poudrés, avait un don redoutable aux méchants, le don de seconde vue des montagnards écossais. Fréquemment, il connaissait les procès avant de les entendre plaider; et alors, il éprouvait pour la bonne cause une propension, assurément bien naturelle.... et de l'aversion pour l'autre. Il laissait plaider longuement la cause agréable, pour la faire bien comprendre de ses conseillers, et malmenait l'avocat de l'autre.... quand de courage civil cet avocat n'était pas pourvu. Une scène de ce genre se passait lorsque Me Beau-Regard entra.

Me Lavenir, qui plaidait, venait d'entrevoir, dans la mobile figure du président, des crispations de mauvais augure, et, pour détourner l'orage, il sollicitait la bienveillance de la Cour en termes respectueux et soumis. Pauvre avocat! sa prière fut une étincelle qui mit le feu aux poudres. — Comment expliquez-vous l'article trois de la convention? *interpella le président....* et il se mit à lire l'article trois avec des intonations qui auraient coupé la parole au bâtonnier le plus décidé. — Mais, monsieur le président, je ne conteste pas.... votre interprétation... mon client.... ne la conteste pas.... je voudrais.... » — Bref, Me Lavenir, interloqué, perdit le fil de sa plaidoirie, ne sut quoi répondre.... et *s'assit.*

« Mon dieu, c'est vrai ! se dit Me Beau-Regard; en pareille occasion, je me serais troublé comme a fait Me Lavenir.... ou, de mal en pis.... j'aurais manqué de respect à monsieur le président. Je le sens, je n'ai pas la présence d'esprit nécessaire pour opposer une ferme et digne résistance à l'immodération. Je commence à comprendre que, pour être avocat, il ne suffit pas d'avoir soutenu avec honneur une thèse de doctorat : la connaissance du cœur humain m'est indispensable; et, si je sais par cœur, le cœur des étudiantes, je ne sais rien du cœur des magistrats, ni du cœur des clients.... Mais je soupçonne qu'ici je ne serais pas à meilleure école qu'à la Correctionnelle. Allons au Tribunal civil. »

Et de vrai, généralement, à la Cour, les magistrats assis, les magistrats debout, les avocats, les employés de justice, sont, les uns trop solennels, et les autres trop empesés ; à la Correctionnelle, ils sont, les uns trop simples et les autres trop vulgaires ; et, dans ces deux milieux si différents, le jeune stagiaire se forme, là, au genre clinquant, et ici, au genre commun. C'est le Tribunal civil qui est la bonne école : l'expérience l'a prouvé et le prouvera.

En effet, c'est au Tribunal civil que la justice est le mieux administrée. Les magistrats habitués aux complications minutieuses des petites affaires, connaissent mieux l'importance des petits détails. Ils ne dédaignent pas de tout écouter, même les faits qui sembleraient oiseux. Ils sont courtois pour les avocats de grand mérite, bienveillants pour les talents ordinaires, et indulgents pour les débutants inexpérimentés. Nous ne leur connaissons qu'un défaut, celui de supporter les insolences des diffamateurs, et *les mauvaises voies* des trompeurs. Cet abus à part, leurs audiences sans apparat, sont toujours dignes et respectables; et, quelquefois, elles deviennent imposantes par l'éloquence vigoureuse des orateurs qu'elles ont formés.

Me Beau-Regard prit goût aux travaux du tribunal civil. Malheureusement, les premières leçons qu'il y reçut furent les leçons des diffamateurs et des trompeurs.

Un jour, il entendit un avoué dire à Me Falconde : « Le tribunal civil vient de retenir une affaire contre M. Defoy, votre client. Je n'ai pas eu le temps de vous remettre le dossier; assistez, je vous prie, à la plaidoirie de votre adversaire, et vous ferez renvoyer à huitaine pour lui répondre. » Me Falconde vint écouter le demandeur depuis le commencement jusqu'au bout; et, à la fin, au lieu de solliciter le renvoi.

il prit la parole, plaida, une heure durant, d'inspiration, sans pièces ni renseignements, et gagna sa cause, séance tenante, à la grande colère de l'avoué, qui n'avait pas mitonné sa procédure. Ce tour de force étonna Me Beau-Regard et le remplit d'enthousiasme pour le talent de Me Falconde : ce qui était bien. Mais son admiration l'empêcha de voir que le plaidoyer de Me Falconde, inventé plutôt qu'improvisé, n'était qu'un tissu de suppositions hasardées, sinon fausses et injustes, et lui fit approuver une action qui méritait le blâme : ce qui était mal.

Une autre fois, Me Beau-Regard eut l'avantage d'assister à l'une des brillantes plaidoiries de Me Saint-Ange, avocat distingué, mais insulteur. Me Saint-Ange plaidait contre un M. Fazorne, qui, lui-même, n'était rien de moins qu'un avocat. Il accabla Fazorne des invectives les plus violentes, le traita de misérable ! de fripon ! ! de voleur ! ! !..... avec des éclats de voix stridents, ascendants et croissants..... à ce point, qu'une crise nerveuse le prit au gosier et le renversa sur son banc dans un état de suffocation convulsive. Fazorne, qui était là, n'hésita pas à lui porter secours, lui fit respirer des sels et lui donna des soins qui le soulagèrent et lui rendirent la connaissance et la voix. Il n'y eut personne qui ne fût touché de l'empressement de Fazorne. Mais, à peine remis de son emportement, Me Saint-Ange, sans lui dire un mot de merci, reprit son discours par ces paroles : « Je vous disais donc, messieurs, que Fazorne est un voleur..... »

Cette férocité à froid ne révolta point Me Beau-Regard ; il ne ressentit pas d'autre émotion que le plaisir de goûter une éloquence de sauvage, et il se promit bien d'être, à son tour, insulteur impitoyable. Du reste, tous les jours, à chaque audience, il entendit ses confrères, jeunes et vieux, insulter avec ou sans talent, et toujours avec acrimonie, et bientôt l'insolence devint à ses yeux un droit naturel de sa noble profession.

C'est ainsi qu'en finissant son stage, Me Beau-Regard perdit cette délicatesse innée, à qui répugne la méchanceté de la diffamation. Il profita si bien des exemples qu'il avait reçus, qu'à son premier début il se montra rageur de première force. Ce fut dans un procès de séparation de corps qu'il débuta devant le Tribunal civil. Nous ne saurions narrer dignement les beautés de style ni les effets oratoires de son discours, médité, distribué, écrit, retouché, poli, émondé, appris par cœur, récité, débité, prononcé, en un mot, préparé minutieusement pendant trois mois. Nous dirons seulement quelle fut sa démonstration capitale.

Me Beau-Regard défendait Laurent Gasparou contre Marie Betval, demanderesse en séparation de corps, pour cause de sévices et d'injures graves.

Marie Betval, mère d'un grand garçon de dix-huit ans, touchait à la quarantaine. Elle était bien conservée. Ses joues rondes étaient fraîches et rosées; sa bouche, ni petite ni grande, aux blanches dents et aux lèvres épanouies, ne demandait qu'à rire; sa mine éveillée l'accusait d'étourderie, mais son nez au vent narguait les médisants; ses yeux châtains brillaient d'une vivacité juvénile, et quand le dimanche elle sortait avec son fils, on les prenait pour le frère et la sœur. Au fond des choses, Marie Betval était gaie, rieuse et moqueuse, sans être une femme légère. Elle aimait le travail et son fils, l'un pour l'autre. Séparée de biens et maîtresse du petit commerce où Gasparou, par mauvaise conduite, avait mangé son bien, elle n'avait d'autre martel en tête et d'autre amour au cœur que l'ambition de relever ses affaires et d'économiser *de quoi* exonérer son fils du service militaire, si, à la conscription, il amenait un mauvais sort. Il fallait voir comment, le matin debout la première, elle faisait lever ses gens et donnait l'exemple de la gentillesse au travail! — Le mari seul se levait tard, et ne faisait rien autre que boire et manger. — Et dans la journée, il fallait voir encore comment elle était accorte avec la pratique, rusée avec le marchand, avenante avec tout le monde! — Le mari enrageait de sa prospérité; et chaque soir, revenant du cabaret, à demi abruti, il lui reprochait la bonne grâce de ses manières, l'injuriait, l'insultait, la traitait de femme sans honneur et sans pudeur, et la menaçait de coups. Un jour, le fils indigné ne put se retenir de dire au brutal : « Je vous prie de cesser vos injures, sinon, je vous ferai respecter ma mère. » A ces mots, l'ivrogne, furieux, frappa son fils et sa femme; et celle-ci, pour éviter des scènes aussi dangereuses, alla demander à la justice protection et séparation de corps.

Tels furent les faits que l'avocat de Marie Betval plaida pour elle avec un style bien autre que le nôtre, c'est-à-dire avec une diction pure, élégante et noble, que notre simplicité ne saurait atteindre. Dans le portrait qu'il fit de sa cliente, il ne parla point de sa bonté pour les pauvres, ni de sa pitié pour les malades : la compassion est un sentiment si naturel à la femme, que, sans nul doute, Marie Betval avait oublié de lui révéler ses œuvres de commisération. Nous allons soulever un coin du voile sur ce côté de sa vie, non pour déflorer sa modestie, mais pour faire admirer les chastes imaginations dont Me Beau-Regard, le pudibond avocat de Gasparou, étaya le point fondamental de sa plaidoirie.

Dans le voisinage de Marie Betval, il était un homme de 45 ans, célibataire de la main droite et de la main gauche, sans parent, sans ami, vivant seul, ne voyant personne autre que les ouvrières de son atelier et les chalands de son détail. Ses yeux petits et gris, son nez camard, ses lèvres minces, sa bouche pincée, ses pommettes osseuses, sa peau rugueuse et verrueuse, ses longues oreilles et ses cheveux rudes, ne donnaient à son visage aucune ressemblance avec le bel Adonis. Il n'avait que deux qualités, celles de n'être ni sot ni méchant : des qualités négatives ! Il n'avait qu'un talent, celui de chanter d'une voix argentine, malgré son âge, les psaumes que dans son enfance il avait appris à Saint-Pierre de Rome. Il n'avait, enfin, ni les attraits ni les traits de Cupidon.

Roméo, c'était le nom dérisoire du pauvre homme, Roméo tomba dangereusement malade et n'eut pour le servir qu'une jeune ouvrière, qui savait à peine préparer une tisane. Il allait mourir faute de bons soins, lorsque Marie Botval vint à son secours. Pendant quatre mois, elle se multiplia, le jour, la nuit, pour conduire le travail de sa maison et pour soigner le malade. Elle lui prodigua la sollicitude d'une mère pour son enfant. Elle fit si bien qu'elle le ramena à la vie et à la santé. Roméo conçut le plus vif attachement pour cette noble femme, — *qui a du cœur le comprendra*, — et lui voua l'amitié la plus tendre. Sitôt qu'il put sortir, il ne manqua pas un jour de rendre visite à sa bienfaitrice, et ne cessa de lui témoigner sa reconnaissance.

Or, cela se passait pendant que les hommes de loi trituraient et ruminaient le procès en séparation de corps. Le mari apprit les visites qu'un inconnu faisait à sa femme, et en instruisit

Me Beau-Regard. — L'ex-étudiant flaira une intrigue amoureuse, suggéra charitablement au mari que l'inconnu était l'amant de sa femme, et l'envoya aux informations. Conseil honnête et délicat!.... Le mari découvrit tout et revint tout dire à Me Beau-Regard, moins le secret du nœud gordien dont il ne sut mot.

Qu'il fut heureux, l'ex-amant de Flore, de Frisette et de Nanon, d'avoir pour son début une cause aussi morale que riche en mouvements oratoires! Qu'il fut beau, Me Beau-Regard! qu'il fut digne! qu'il fut sincère! qu'il fut irrésistible!.... quand d'un élan pathétique il s'écria :

« Oui, messieurs! J'ai déjà prouvé que Gasparou est le modèle des époux et des pères, et j'espère bien avoir fait passer dans vos esprits la conviction que j'ai puisée dans mes entretiens avec ce bon citoyen! Ce n'est point assez pour l'honneur de mon client!.... Et je vais prouver que Marie Betval, sa femme indigne, est une créature sans foi ni loi!

» Prenez la peine, messieurs, prenez la peine de passer devant son magasin!.... Regardez-la! Et rien qu'à voir son air éventé, vous saurez qu'elle est sans pudeur! — Entrez, messieurs.... Achetez d'elle ce qui vous plaira!.... Écoutez-la parler!.... Et rien qu'à l'entendre, vous saurez qu'elle veut séduire tous les hommes!....

» Ce n'est pas tout, messieurs!... Considérez dans le magasin, assis sur une chaise, un certain Roméo qui n'en sort pas!... Je l'ai vu, moi, cet homme pervers!... tout le monde l'a vu!... Vous le verrez, messieurs! vous le verrez qui ne craindra pas de parler devant vous à sa belle, avec une voix qu'il s'efforce de rendre douce.... pour que vous n'ignorez pas son bonheur!...

» Qu'ai-je dit?... son bonheur!.... Pardon, messieurs!... Il ne peut y avoir de vrai bonheur dans la fange du vice! Il n'y a de plaisir que dans la vertu!... Et ce débauché!... cette libertine! se plongent, se vautrent!... dans les ordures de l'impudicité!... Oui, messieurs! ce couple adultère a même eu l'impudence de ne pas cacher ses honteuses amours! Quatre mois durant, Marie Betval n'a manqué d'aller, chaque jour, en plein jour, à d'obscènes rendez-vous chez son amant!... et maintenant!... c'est lui qui va publiquement chez elle!...Tout le quartier l'atteste, messieurs!... la commune renommée le publie! la police le signale!... Souffrirez-vous un scandale qui brave la pudeur des honnêtes gens?... Accorderez-vous à Marie Betval une séparation qu'elle demande pour vivre plus librement dans le libertinage?... Non, messieurs!... Vous êtes les gardiens de la morale qui est la sauve-garde de la société!... et vous ne faillirez point à votre mandat!... »

Et Me Beau-Regard sortit de l'audience, entouré de ses amis, pressé, complimenté, félicité, triomphant. Par malheur, une voix traîtresse lui cria de la foule: — « Mon cher, tu as proprement éreinté Roméo, je t'en fais mon compliment. C'est dommage que ce gros débauché ne soit qu'un Abeilard décomplété! » — Ce n'est pas possible? dirent ses amis.... Ah! ah! ah!

ah ! ah !... » répétèrent les échos de la salle des Pas-Perdus.

Me Beau-Regard s'éclipsa, rentra chez lui, jeta sa toque à droite, sa robe à gauche, et se perdit dans son fauteuil-bergère, confus, humilié, se couvrant le visage des deux mains.... Respectons sa douleur : *Ne insultes miseris !*... Longtemps il réfléchit.... Il se demandait s'il oserait reparaître à la barre.... s'il changerait de carrière.... s'il aspirerait à la magistrature.... s'il se réfugierait au parquet.... s'il entrerait dans l'administration....

Sera-t-il dieu, table ou cuvette?

Laissons-le choisir... Qui sait?... Peut-être, un jour, s'il ne reste avocat manqué, le retrouverons-nous président de cour.... procureur général.... préfet.... député.... ministre.... car une langue bien pendue mène à tout, le sot, l'ignorant, le méchant.... aussi bien que l'homme d'esprit, de science et de cœur.

Me ARDÉLION

Deux traits seulement sur cet avocat qui plaide à tort et à travers.

Me Ardélion a passé son stage à plaider en justice de paix ; et, parmi les légistes, les recors, les écrivains publics, qui, eux aussi, plaident devant ce tribunal inférieur, il s'est fait un renom que lui ont valu les saillies de son esprit prompt et preste à la repartie. Ses accointances avec ces juristes interlopes lui ont procuré une foule de menues causes au Tribunal civil.... causes maigres qui lui sont payées.... hélas !... de quinze à vingt francs.... causes bonnes, causes mauvaises, qu'il plaide avec la même chaleur, avec la même conviction.—Hélas! hélas !... il est sans fortune.... sa langue est son gagne-pain....

Ne faut-il pas que tout le monde vive ?... Plaignons-le ! nous n'avons pas le courage de l'accabler.

Nous agirons de même à l'égard de tous les pauvres diables que leurs pères, malavisés, auraient dû laisser à la charrue : nous n'en parlerons pas.

Me OUHARDY FILS

L'on dirait que ce nom bizarre vient des cris : Houp ! hardi !... que poussaient les rouliers d'autrefois, pour exciter leurs chevaux à gravir les rudes montées ; et l'on en concluerait que l'avocat qui le porte est fils d'un ancien maître d'équipages, *mis à pied* par les bateaux à vapeur ou par les chemins de fer. Et bien, non ! il est fils d'avocat, et nous n'avons pas appris que monsieur son père descendît de la cuisse d'un charretier ou de la cuisse de Jupiter. Seulement, on nous a dit que ce monsieur avait pourvu deux pauvres hères, l'un d'un office d'huissier, et l'autre, d'un office d'avoué ; et que ces deux officiers servaient d'attelage à son cabinet d'avocat. Il leur avait enjoint de toujours aux clients donner raison, d'envenimer les querelles, *d'acter* à tout propos, de précipiter les assignations, et de lui envoyer tous les dossiers... Houp ! hardi !

Quant à Me Ouhardy fils, habitué dès sa plus tendre enfance à voir les clients parqués dans une antichambre, à les regarder, chapeau bas, consulter papa, c'est de bonne foi qu'il se sent d'une nature supérieure au commun des hommes. Il ne saluerait pas le premier, un huissier, un avoué, ceux-là même qui ont enrichi son père, — et moins encore — un client, si ce client n'est pas un homme considérable.

L'orgueil mène à la sottise, et Me Ouhardy fils n'était pas encore inscrit au tableau du stage, que déjà il se posait en oracle du barreau : il avait la science infuse, et ses opinions étaient des décisions infaillibles. A l'un de ses débuts, il perdit son procès.... Il se fâcha tout rouge, et on l'entendit murmurer : — « Voilà ce qui arrive quand on est jugé par des imbéciles ! » — Retenons bien qu'il eut soin de murmurer tout bas cette invective.

Que le bon Dieu préserve les bonnes gens de consulter cet Olibrius de palais ! car nous avons connu un monsieur de la Porte, le plus probe, le plus délicat parmi les hommes honnêtes, qui fit une fin lamentable pour avoir suivi ses conseils tranchants. Me Ouhardy fils l'avait engagé dans un procès sur une question de droit tout à fait neuve ; il l'avait encouragé contre les lenteurs de ce procès qui dura vingt ans et plus ; il l'avait détourné des transactions qui furent proposées par la partie adverse ; — sans oublier jamais de se faire grassement payer de ses consultations, de ses plaidoiries, et même de ses encouragements. — Cet infortuné plaideur négligea ses affaires pour suivre les innombrables incidents de son procès interminable ; ses revenus ne suffirent pas aux avances de frais qu'engloutissaient les hommes de loi ; il prit sur son capital, et, finalement, il perdit sa cause, se trouva ruiné, et mourut de chagrin.

Aujourd'hui, Me Ouhardy fils se fait vieux. Il a gagné gros d'argent ; il a su arrondir le patrimoine que lui a laissé monsieur son père; et il songe à couronner sa carrière par les grands honneurs. Il vise à la croix d'honneur.... à la présidence d'une cour impériale. Ah! s'il réussit, malheur aux justiciables qui plaideront contre ses opinions d'avocat!

En attendant, plaideurs endurcis, gardez-vous de cet avocat homicide! Allez plutôt à Me Caméléon, l'avocat sceptique! celui-ci, du moins, ne vous promettra pas de gagner les procès que vous devez perdre.

Me CAMÉLÉON

Un client, qui paye bien, n'a jamais tort : tel est l'aphorisme à l'usage de certains avocats, indifférents pour le bon droit. Ce sont des mécréants qui servent Dieu et Mammon sans préférence, pourvu que les bénédictions du ciel se manifestent sous des signes visibles et se convertissent en honoraires pondérables. Autrefois, ces gens-là faisaient le trafic des procès véreux qu'ils achetaient à perte de finances ; mais cette honnête industrie fut mal vue des magistrats trop rigides, et si aujourd'hui elle se pratique encore, c'est dans l'ombre obscure et à notre insu.

D'ailleurs, Me Caméléon n'appartient pas à l'école des avocats publicains, dont nous avons dû parler pour le séparer d'eux. Me Caméléon est un homme comme il faut, d'un esprit cultivé, d'un cœur sensible, de mœurs douces, un vrai galant homme. A ses débuts, il plaida toutes les causes qui se présentèrent, parce qu'il ne savait pas discerner : cette inexpérience, commune à tous les jeunes avocats, était bien naturelle. Plus tard, il apprit à démêler le vrai du faux, le juste de l'injuste, la sincérité de l'hypocrisie, et, nous devons le proclamer hautement, il usa généreusement de sa liberté, de son indépendance, pour refuser les mauvaises causes et ne plaider que les bonnes. Fatalité du sort! il perdit toutes les causes qui lui avaient paru imperdables, et ne gagna qu'à demi les douteuses. Pendant dix années il s'obstina bravement à défendre la probité, rien que la probité... et ces dix années durant, il essuya de nombreuses défaites. Tantôt son *honorable* contradicteur, habile à l'outrage, faisait passer la vertu pour une déhontée friponne, et tantôt le juge décidait, à son grand regret, que le droit n'était pas pour la justice. Et cependant, Me Caméléon est un avocat instruit qui sait ses Institutes, ses Pandectes et ses Codes sur le bout du doigt. Il parle comme un livre; il expose le point de fait avec clarté et démontre le point de droit avec précision : en un mot, il plaide avec concision, fermeté, modération, comme il convient à un orateur de talent; et sans conteste, il est meilleur avocat que Me Boniface, Me Renard, Me Saint-Yon, Me Lansmic et cent autres Cicérons *ejusdem farinæ*. Pourquoi donc perd-il ses procès, à peu près tous?... Un lutin subtil va nous expliquer ce mystère : écoutez son petit babil.

Par un jour de frimas, Me Caméléon, retiré dans son cabinet de travail, chaudement enveloppé de sa robe de chambre soyeuse, assis au coin d'un bon feu, les pieds sur des chenets à tête de sphinx, méditait sur l'infortune de son éloquence et sur les ruines de sa clientèle. Il portait des regards mélancoliques sur la corbeille aux rebuts, qu'emplissaient les notes de ses plaidoiries malheureuses et se demandait à lui-même pourquoi le sort fatidique lui était constamment contraire,..... lorsque tout à coup..... un long pétillement crépita dans l'âtre, et Me Caméléon vit apparaître, sautillant dans mille étincelles, un sylphe nain, qui lui tint à peu près ce langage : — « Je suis fils de l'air et j'ai l'esprit fluide et léger de mon père, j'en conviens : mais je suis attaché au sanctuaire de Thémis, et je me nourris des effluves qui émanent des chambres du conseil. Je suis donc tout pénétré des suggestions qui dictent les *motifs* des jugements; je connais les secrets des délibérations, et nul ne peut répondre mieux que moi, cher Caméléon, à la question qui vous embarrasse. Ce n'est pas que je puisse vous révéler pourquoi M. le président parfois écoute longuement votre adversaire et vous coupe la parole, ni pourquoi tel de vos plus intéressants discours endort M. le juge et réveille M. le suppléant : ces messieurs n'en disent mot, et mon père n'a jamais voulu me faire apprendre à lire les pensées. Mais je vous révélerai, naïf Caméléon, ce que ces messieurs ne cachent pas. Quand vous plaidez, voici ce qui se passe. Vous exposez l'affaire honnêtement et dignement : cela est bien. Vous faites votre client blanc comme neige et vous affirmez ses droits, sans vous permettre de faire son adversaire noir comme l'encre : cela est noble. Mais votre contradicteur, Lansmic, se lève et, le mensonge à la bouche, la voix éclatante, il calomnie votre client, l'injurie, le honnit, le diffame. Qu'arrive-t-il?... A la vérité, le tribunal ne croit pas tout ce que Lansmic a vociféré; néanmoins, il en reste quelque chose, et la partie adverse que vous avez loyalement respectée obtient gain de cause contre votre client décrié. — Écoutez-moi, trop simple Caméléon, changez de tactique! Plus de scrupule! A la guerre comme à la guerre! Imitez Lansmic, insultez, déshonorez, attachez la partie adverse au pilori. C'est une vilaine œuvre, je le confesse, mais considérez-en les avantages. Avec de la bonne volonté, nul doute que vous ne dépassiez Lansmic qui est mince orateur. Alors le tribunal, irrésolu entre deux insulteurs émérites, ne vous croira ni l'un ni l'autre, et jugera d'après le droit qui est votre fort ; et le pis à craindre sera qu'il ne s'indigne contre les deux parties et ne casse le bras à l'une et la jambe à l'autre. » — Sur ce, un tison roula dans le foyer, et l'esprit follet s'évanouit dans la fumée.

Depuis cette aventure merveilleuse, Me Caméléon a changé de méthode et s'est résigné à disputer la feuille de houx aux maîtres de l'insolence. — Hélas ! lui aussi, il a gagné de mauvaises causes, et bientôt son esprit, troublé par l'incohérence de ses succès, est tombé dans l'incertitude et dans le doute sur toutes choses. Il finit donc comme il a commencé : il plaide toutes les causes qui se présentent, avec la différence qu'à présent il les accepte sans examen et sans choix. Les avoués savent cela. Aussi ne se gênent-ils pas pour fabriquer un procès à leur guise et le lui porter à plaider sans l'avoir consulté. Et lui, sans se formaliser, il ouvre le dossier, en parcourt les grimoires, et conforme son opinion à la cause, tout comme le caméléon prend la couleur de la feuille qu'il touche. Oh! n'allez pas croire qu'il agisse de la sorte par intérêt. Assurément non. Car au meilleur de ses amis qui lui demandera conseil, il répondra que le Code est pour, mais qu'il y a des arrêts contre, et il ne décidera ni pour ni contre.

Enfin, s'il était juge de Garonne, il répondrait :

> Accordez-vous, si votre affaire est bonne ;
> Si votre cause est mauvaise, plaidez.

Me ISAAC DE MÉRULE

Il y avait, une fois, des gens d'esprit..... de beaucoup d'esprit..... qui s'imaginaient qu'un noble était plus noble qu'un roturier; et ces gens-là, pour se distinguer de la plèbe, se faisaient appeler autrement que leurs vilains de pères. Me de Mérule a été de ce nombre. Son père s'appelait naturellement : *Carteron;* il était né au moulin de Mérule, et pour le reconnaître entre les nombreux homonymes de la race prolifique des Carterons, les paysans l'avaient surnommé : *Carteron de Mérule.* Le père Carteron n'eut jamais l'idée de signer de son surnom. Carteron il était, et Carteron il signait. Et puis, rien qu'à voir comment il tenait sa plume, droite, serrée entre les doigts, l'on était sûr qu'il n'aurait su écrire plus long que son nom. D'ailleurs, le brave homme avait bien d'autres soucis. Sa femme lui avait rempli sa maison de filles, et il avait fallu nourrir, vêtir, élever *tout ça*. Par bonheur, la femme et les filles furent gentilles à l'ouvrage : elles aidèrent à faire aller le moulin, de jour et de nuit, perçurent avec adresse *les dîmes solites* sur le son, la recoupe et la recoupette, menèrent l'âne rendre la farine au village, soignèrent la vache à l'étable, et firent toute la besogne de vrais garçons, sans négliger la besogne du ménage. Grâce à leur industrie, le traquet du moulin ne cessait de battre, et le fortuné meunier amassait des épargnes, achetait du bien, et devenait le matador de son endroit. Il ne manquait à son bonheur qu'un rejeton mâle, un héritier de son nom. Le bonhomme bougonnait, enrageait, rudoyait sa femme, reprochant à la pauvre mère de ne lui avoir donné que des Carteronnes, qui porteraient à des gendres..... à des étrangers..... son moulin, ses pièces d'eau, ses prés, ses terres et ses bois. Tous deux vieillissaient et commençaient à se courber, lorsque......L'on ne sait pas si un archange se dérangea pour cela..... Peut-être le saura-t-on dans la suite des siècles. En tout cas, ce fut du prénom d'Isaac que l'on baptisa le petit Carteron. Combien grande fut la joie du père à la vue de ce culot tant désiré !.... après qu'il eut vérifié la chose. Maintenant, il pouvait mourir ! Son nom ne se perdrait pas dans la famille..... et pour qu'un jour venant, ce nom plébéien fût illustré, il décida que le gars ne serait pas meunier, et qu'il en ferait un avocat.

Le père Carteron mourut avant que son fils n'eut fini ses études. Monsieur Isaac, malgré sa jeunesse, devint le chef de la maison, ou du moins sa mère ne garda que *la gouverne* du moulin et des biens-fonds, et lui laissa le maniement de l'argent. Il en profita pour vivre à Paris, avec largesse, et pour se faufiler dans la société de jeunes gens, rentés, titrés et blasonnés. Mais pour s'y faire admettre, il dut se parer d'un nom de qualité.... Ce ne fut pas difficile..... Il se para, tout unîment, du nom de son moulin, du surnom de sa famille, et s'intitula : *Monsieur de Mérule*. Vraiment, il ne s'anoblit pas trop! Il eut la modestie de ne point descendre d'un guerrier du temps des croisades. Il se contenta d'une noblesse de robe, disant que pour rester fidèle aux traditions de sa famille, il se destinait à la magistrature..... Ah! si le père Carteron se fût trouvé là, avec son bâton!.....

Monsieur Isaac de Mérule fut assez malin pour jouer bien son rôle. Il eut pour ses nobles connaissances des manières pleines de déférence qui lui gagnèrent leur amitié. Aussi, à peine était-il inscrit au tableau des avocats stagiaires, qu'il reçut sa nomination de juge-suppléant.

Ceci se passait en 1829. Monsieur de Mérule songeait à se pousser plus avant, lorsque 1830 vint balayer la puissance de ses protecteurs. Pourquoi refusa-t-il de prêter serment à la branche cadette ?.... Ses ennemis prétendent qu'il crut au prompt retour de la branche aînée. S'il eût prévu que *cela durerait*..... il aurait sauté comme tant d'autres..... et s'il eût fait le difficile, c'est qu'il aurait voulu troquer sa fidélité contre de l'avancement. Il ne prêta donc pas serment; et fièrement il vint s'asseoir sur les bancs du barreau.

Me de Mérule sut aussi bien que le meunier Carteron faire venir l'eau à son moulin. Il quitta Paris, et vint retrouver dans une ville de province les nobles déconfits qui l'avaient protégé. Il en fut accueilli comme l'un des leurs. Monsieur le marquis le recommanda ; madame la comtesse le loua ; monsieur le baron le vanta ; monsieur le curé le prôna. Bref, le parti légitimiste lui fit la réputation d'un oracle, et les clients envahirent son cabinet.

Ce que c'est que le pouvoir de la renommée !.... Me de Mérule, qui avait, tout juste, assez de talent pour tenir tête aux médiocrités du chef-lieu, passa pour le Berryer de la province. Il n'avait cependant qu'un seul avantage sur ses confrères : celui de posséder le fini des manières de la bonne société. Les insultes qu'il adressait à la partie adverse respiraient un bouquet d'impertinence qui différait essentiellement de l'odeur d'ail de l'insolence : c'était offensant, mais point dégoûtant, tel était tout le mérite de Me de Mérule. Car, — si l'on eût remarqué le décousu de ses consultations : « C'est cela, mon ami, vous avez raison, tout à fait raison.... soyez tranquille, je plaiderai votre affaire..... revenez le matin de l'audience ; » — si, ce matin venu, l'on eût observé son hésitation : « Votre avoué m'a remis le dossier bien tardivement..... c'est égal, j'ai étudié le procès..... mon Dieu ! tout ce qui dépend de la décision des hommes est incertain..... soyez au tribunal, tout près de moi, pour m'expliquer ce qui ne sera pas clair ; » — si, à l'audience, l'on eût considéré combien était embarrassée son exposition du point de fait, combien superficielle la discussion du point de droit, — l'on aurait conclu que Me Ardélion s'en fût aussi bien tiré.

Les clients de Me de Mérule étaient générale-ent des gens riches qui payaient grandement : ussi, le fils du meunier décupla son patri-oine, acquit des vignobles, acheta des forêts, t finit par annexer au moulin paternel le châ-eau voisin et ses dépendances. Le voilà donc hâtelain, vrai châtelain !!! L'on dit qu'à ce oment il eut la fière pensée de reprendre son om de Carteron. La vanité l'emporta... et de érule, il resta, jusqu'au jour fatal où le neveu 'un illustre parvenu... Mais n'allons pas plus ite que le violon... d'autant mieux qu'il va ouer *presto*.

En l'année 1848, la royauté de Louis-Philippe omba ; le roi de naissance, à terre la laissa, et ne république de transition s'éleva. Cette ré-ublique anonyme fut acclamée des légiti-istes, des orléanistes, des cléricaux et de tous eux qui n'en voulaient point. Partant, les cléri-aux bénirent les arbres de liberté pour les aire sécher, et tous nommèrent le prince-résident pour l'annihiler. Ce prince inoffensit... ils le jetteraient à la mer, la tempête calmée!.. Provisoirement, ils ajournèrent leurs desseins à 1852, et pour en assurer le succès, ils poussèrent le président débonnaire à persécuter les républicains qui l'étaient pour de bon, et à mettre en place les républicains pour rire. — « Nos opinions nous divisent, s'écria l'un d'eux, la république nous unit. » — Ah! certes, il disait vrai! Le grand parti de l'ordre avait subtilisé la république; il était seul à grignoter le budget : c'était l'essentiel; il pouvait prendre patience.

En ce temps-là, ce qu'il y eut de singulier de la part de Me de Mérule, c'est qu'il refusa de se laisser nommer représentant du peuple... Ses ennemis intimes racontent qu'il eut peur d'avoir à produire son acte de naissance. Quoi qu'il en soit, Me de Mérule n'en fut pas moins un réactionnaire féroce. Un jour, il fut demandé pour avocat, par un rouge candide, qui était prévenu d'avoir conspiré contre la république. Me de Mérule se rendit en personne à la geôle pour déclarer à cet innocent que : « Légitimiste, il était de son devoir de ne point défendre un républicain. »

Sans doute, Me de Mérule, voyant poindre 1852, croyait son parti à la veille de triompher ; 'l craignit de paraître tiède s'il eût plaidé pour un adversaire politique. Mais, patatras !... oilà que les blancs, les bleus, les tricolores, et ême les rouges, — pauvres rouges ! — sont offrés par ordre du président débonnaire. Voilà ue le prince inoffensif monte à cheval et s'érie : *Ego sum imperator !*... Nous n'en dirons pas avantage. L'histoire dira le reste. Mentionons seulement que les cléricaux furent éparnés, en mémoire de Sixe-Quint, si ce n'est pour utre cause... et prévenons charitablement ces olitiques noirs que, tôt ou tard, trop politiquer eur nuira et leur cuira.

O comble de malheur... pour Me de Mérule ! endant que l'on coupait les oreilles à son arti, on lui rallongeait les siennes ! Voici coment :

Le nouvel empereur avait fait savoir au Russe et à l'Autrichien que toutes les fois que le Gaulois a secoué le joug de ses Franks, il se ragaillardit et ne souffre plus qu'on le vexe. Nos vieux rancuniers se l'étaient tenu pour dit, et l'empereur, fier d'avoir été si bien compris, s'enorgueillit et se mit en tête qu'on ne lui parlât plus sans se faire annoncer par ses noms et qualités. Ce n'est pas tout. Pour ne pas s'exposer à recevoir à sa cour des intrigants... malotrus, — et, sans doute, pour rendre le même service à bien du monde, — il rendit un décret qui défendit généralement de se nommer autrement que son père et de se qualifier sans justifier de ses titres.

Fatal décret !!! Me de Mérule en eut un coup de sang, quand il apprit la nouvelle... De ce jour néfaste, il lui sembla que l'on voyait percer le bout de ses oreilles. Il ne reparut plus au palais. Il rendit tous ses dossiers, prévint ses clients que sa mauvaise santé le forçait de renoncer à la parole, et il se borna désormais à donner des consultations, qu'il signe : (*illisible*) *de Mérule.*

Espérons qu'avant peu il se retirera de la politique, ira se fixer dans ses terres, embrassera de bon cœur sa vieille mère Carteronne, et sans rougir signera : *Carteron*, tout court... à moins qu'il ne fasse la sottise de payer des lettres de sceau pour signer lisiblement : *Carteron de Mérule.*

Me JULES CABRAL

Cet avocat est une illustration du barreau et de la politique libérale. Ah ! certes ! il n'a pas volé sa gloire, car c'est à force de travail et de peine qu'il a su conquérir son magnifique talent d'orateur.

La nature ne l'a pas favorisé : sa figure est ingrate, sa tournure manque de noblesse et sa voix est commune. Mais l'énergie de sa volonté a vaincu ces désavantages. L'on nous a raconté que, tout jeune avocat, il s'était imposé la règle de toujours écrire ses plaidoyers : c'est ainsi qu'il apprit à parler correctement. Mieux encore ! il chercha le diapason qui convenait à son organe, et nota en signes de musique l'intonation de toutes les phrases de ses plaidoiries, la mesure des mouvements oratoires, la cadence des périodes, la force des exclamations et la durée des silences. Admirez son courage ou, du moins, convenez que, pour se soumettre à cette besogne, il fallait qu'il eût la rage de vouloir bien parler !

Grâce à la patiente pratique de ces exercices euphoniques, Me Cabral est devenu le superbe parleur que les plaideurs se disputent, malgré qu'il perde, à peu près, tous ses procès.

Comment concilier ses défaites et sa réputation? Rien de plus simple. Il perd ses procès parce que les juges sont en garde contre son éloquence factice. Il est recherché des plaideurs parce qu'il est le plus agressif, pour ne pas dire le plus mordant, parmi les avocats petits et grands. S'il était pourvu de mansuétude, il ne serait pas connu, il n'aurait pas un client : quel dommage!... Mais, supposez une meute d'avocats lancés contre un pauvre diable : qui sera le plus acharné? qui devancera la troupe aboyeuse? qui, le premier, entamera le gras du mollet?...

— Me Jules Cabral, soyez-en sûr. — Aussi, comprenez combien en est épris le plaideur qui voudrait faire écharper son *misérable* adversaire, et comptez combien il existe de plaideurs vindicatifs ! vous saurez alors le secret de sa popularité.... Par bonheur, la méchanceté qui plaît aux plaideurs déplaît généralement aux juges. Ce n'est pas que les magistrats soient indifférents au charme de l'élocution de Me Cabral. Au contraire, ils sont ravis d'entendre la musique de sa parole ; ils goûtent avec plaisir l'harmonieuse disposition de ses *piano*, de ses *crescendo*, de ses *rinforzando*... Ils ne sont point insensibles à ses points d'orgue, et même ils applaudissent du regard à ses brillants prestiges. Mais ils n'ignorent pas que les habiletés des rhéteurs sont artificieuses. Et d'ailleurs, Me Cabral n'est point du tout sympathique ; il sait flatter les oreilles et ne sait pas toucher les cœurs : telle est la cause de ses nombreuses déconvenues.

Cela ne l'a pas empêché d'être élu bâtonnier

de l'ordre et de s'enorgueillir jusqu'au point de trancher du savant sur des choses qu'il ignore et de décider témérairement de ce qui n'est pas de sa compétence. Tout récemment, il s'est improvisé économiste, et, dans une conférence d'avocats, il a voulu résoudre, en autocrate, la très-grave question de l'intérêt de l'argent. Rapportons le menu de cette conférence : il suffira pour mettre en relief le personnage de Me Cabral.

Auparavant, nous dirons, en peu de lignes, qu'il est d'usage au barreau de tenir des conférences sur des sujets de quelque importance. Elles sont dirigées par le bâtonnier ou, en son absence, par un président élu démocratiquement. Les jeunes stagiaires y viennent essayer leur talent futur, et les avocats sans cause, se désennuyer de leurs perpétuels loisirs. L'un d'eux est chargé d'exposer la question à débattre et de soutenir l'opinion qui lui paraît juste : ce qui est un vrai travail d'homme. Mais, parfois, on lui désigne d'office un adversaire pour le contredire bon gré malgré ; ce qui est un travail d'écolier. A part cet abus, les conférences sont utiles et honorables : prend part qui veut à la discussion, et néanmoins, chose admirable! dans ce tournoi d'esprit, l'on ne cesse d'être courtois.

A ce propos, comment se fait-il que les avocats soient polis aux conférences et impolis à l'audience ? Là comme ici, ne sont-ils pas également jaloux de remporter un succès ? Faudrait-il croire qu'à l'audience ils ne clabaudent que pour contenter leur client et gagner plus abondante *aveine ?...*

Toutefois, il est certain que, dans les conférences, les avocats se prodiguent réciproquement les égards les plus exquis. C'est à celui qui à l'autre fera le compliment le mieux tourné. Exemple : — *L'honorable préopinant a rendu très-difficile la réfutation du système qu'il a embrassé... — Mon habile contradicteur s'est élevé à de hautes considérations qui attestent un esprit supérieur.... — Notre assemblée est encore sous le charme de la parole du jeune maître qui vient de se révéler....*

— Jugez si l'honorable préopinant, si l'habile contradicteur, si le jeune maître, enchantés des éloges qu'ils ont reçus, s'évertuent à donner la réplique à leurs flatteurs et à leur rendre la monnaie de leur pièce !... Ne blâmons pas cette jeunesse. Laissons-la conjuguer sur tous les tons : *Tu es un grand homme, il est un grand homme, nous sommes de grands hommes.* Elle se croit sincèrement l'élite de la nation, et, peut-être, cette présomption puérile sera-t-elle fécondée par une émulation virile et produira-t-elle des hommes de mérite ! S'il en est autrement, les plaideurs seuls en souffriront, et à ce malheur nous ne voyons pas grand mal.

Quand les orateurs de la conférence ont fini d'échanger des louanges et de discourir, le président résume les débats, sans rien dire de son opinion personnelle, et l'assemblée décide en toute liberté : c'est une coutume passée en force de règlement. Elle ne fut point respectée de Me Cabral, le jour où il vint présider la conférence sur l'intérêt de l'argent. L'illustre bâtonnier préjugea la question en ouvrant les débats, et voulut, en les résumant, imposer sa décision. Quel puissant mobile a poussé Me Cabral à cet excès de pouvoir ?... Donnons d'abord le compte-rendu sommaire de la fameuse conférence : nous verrons après.

CONFÉRENCE DU 20 JANVIER 1864

PRÉSIDENT : **Me Jules CABRAL**, bâtonnier de l'ordre.

ORATEUR PRINCIPAL : **Me Camille ODET.**

M. LE PRÉSIDENT : « Messieurs, la séance est ouverte.

« Mes jeunes confrères, mes amis, permettez à ma vieille expérience de vous adresser quelques mots sur l'importance de la question que vous allez examiner.

» La science a proclamé d'une manière unanime que la loi de 1807, qui réglemente l'intérêt de l'argent, allait contre le but que s'est proposé le législateur... J'ajoute que la pratique a donné raison à la science, ce qui est un fait grave. Ce qu'il y a de plus respectable, c'est la loi, et lorsqu'elle est en contradiction avec la nécessité sociale, on peut être sûr qu'elle exige des modifications.

» Ainsi, la pratique a eu raison contre la loi. L'argent ne peut sortir des mains du détenteur qu'à des conditions fixées par la loi; si ces conditions ne lui conviennent pas, il garde son argent. Pour changer cet état de choses, il faudrait établir, à côté de l'intérêt forcé, le prêt forcé. Mais cela nous mènerait loin, et vous n'avez pas à examiner la question à ce point de vue : ce que vous avez à vérifier, c'est que la force des choses prévaut contre ce qu'il y a de conventionnel et d'arbitraire dans la loi; c'est que la loi est violée.

» Quand la loi de 1857 autorisa la Banque de France à élever son taux d'intérêt dans des proportions indéfinies, le Gouvernement promit d'introduire des modifications dans la loi de 1807.

Il a intérêt à faire cesser les tiraillements d'une législation contradictoire, qui portent atteinte à la moralité publique en diminuant le respect de la loi. La discussion à laquelle nous allons nous livrer a donc un double caractère d'importance et d'actualité : elle provoquera peut-être le Gouvernement à prendre une détermination définitive.

» Je donne la parole à Me Odet. »

Me Odet : « Messieurs, la présence de notre illustre bâtonnier à nos modestes travaux, les considérations d'un ordre élevé que nous venons d'entendre et que nous avons recueillies avec un pieux respect, attestent l'importance de la question qui va nous occuper. J'entre immédiatement en matière.

» L'intérêt de l'argent, c'est le revenu que le capitaliste retire des fonds qu'il a prêtés.

» Dans l'antiquité, Aristote, Caton et Jésus se sont rencontrés pour condamner l'intérêt.

» Aristote refusait au prêteur tout droit à un revenu, attendu que l'argent ne devrait servir qu'à l'échange.

» Les Romains pensaient qu'il n'était pas équitable de prêter au-dessus de cinq pour cent, et leur horreur pour les exactions des prêteurs trop exigeants nous a été transmise en termes énergiques : *Quid fœnerari? Quid hominem occidere?*

» Caton ne voulut point prêter à intérêt, et préféra faire valoir son argent dans le commerce de la participation, par l'entremise de l'un de ses affranchis, nommé Quintion.

» La loi de Moïse ordonnait aux Israélites de se prêter entre eux sans intérêt. Jésus vint ajouter à cette douce loi le précepte surhumain de prêter sans intérêt, même à ses ennemis. Mais il paraît que la divine utopie n'était obligatoire que pour les saints, car les anathèmes des Pères de l'Église sont, de nos jours, réduits au silence.

» Les protestants furent les premiers qui méconnurent la tradition évangélique. Les défenses de l'intérêt, qu'ont écrites Calvin et ses disciples, sont exclusivement rationnelles et sans caractère chrétien.

» Depuis le commencement de notre siècle, les casuistes catholiques paraissent se rallier au rationalisme de Calvin. Ils deviennent libre-penseurs en morale; ils admettent que le sermon sur la montagne est entaché d'erreurs économiques. Le divin Maître, disent ils, ne parlait que pour les artisans grossiers, les pêcheurs ignorants qui l'écoutaient; il ne songeait pas à nos grands industriels, à nos riches banquiers, à nos habiles spéculateurs.

» Quoi qu'il en soit, la morale de Jésus ne peut obliger que la conscience d'un chrétien; elle est au-dessus de la morale naturelle, qui, seule, constitue l'élément des lois civiles des nations.

» En France, nos lois se sont formées d'après le tempérament romain : elles limitent à un taux modéré l'intérêt du prêt d'argent, et prohibent, sous le nom d'usure, toute exaction qui dépasse le taux légal de l'intérêt. Cette législation ne s'est pas établie sans controverse entre les Juristes, partisans de l'intérêt taxé, et les Économistes, partisans de l'intérêt illimité.

» Avant la Révolution, la question n'avait pas d'importance. L'industrie était peu développée, et les cultivateurs des champs étaient des bêtes de somme, dont La Bruyère nous a laissé un portrait si affreux. Cependant, il fut nécessaire de protéger la misère de ces paysans contre l'avidité des usuriers. Une première loi fut rendue le 3 octobre 1789, qui limita le taux de l'intérêt, en matière civile, à cinq pour cent.

» Quatre ans après, au milieu de l'effervescence révolutionnaire, la Convention rendit le fameux décret du 11 avril 1793, qui déclara que : « *La monnaie est une marchandise, et que chacun est libre de la vendre à prix débattu.* » Les résultats de ce décret furent désastreux : Les loups-cerviers de l'usure ravagèrent les villes et les campagnes ; de tous les points du territoire s'élevèrent des plaintes énergiques, et, le 6 floréal an III, le funeste décret fut rapporté.

» La loi du 3 octobre 1789, rétablie, fut continuée par le décret du 9 mars 1804 : l'intérêt, limité à cinq pour cent en matière civile, restait libre en matière de commerce. Mais le développement de l'industrie stimula les convoitises des usuriers, et l'on vit se commettre des abus odieux que dut refréner la loi du 3 septembre 1807, qui fixa l'intérêt, en matière de commerce, à six pour cent. C'est de cette loi que l'on demande aujourd'hui l'abrogation.

» Quels sont les partisans de l'abrogation? Quels en sont les admirateurs? Quels sont les arguments, dont les uns et les autres se prévalent? Enfin, quel est notre avis sur la question qui les divise?... Tels sont, messieurs, les points que je vais m'efforcer de traiter avec clarté, pour bien préciser la difficulté que vous avez à résoudre. Je réclame l'indulgence de votre fraternelle amitié.

» J'appellerai *Libre-usuristes*, ceux qui demandent que l'intérêt de l'argent cesse d'être taxé. Je ne donne point cette appellation en mauvaise part.

« Les Libre-usuristes sont absolus dans leur opinion. Ils veulent que le prêteur soit complétement libre de fixer, de gré à gré, les conditions auxquelles il prêtera son argent. Parmi eux je trouve les usuriers et deux écoles d'économistes.

» Les usuriers sont des gens avides qui n'ont pas d'autre souci que de gorger leur cupidité insatiable. Ils ressassent des lieux communs qui se résument dans le syllogisme que voici : — La monnaie est une marchandise sujette aux vicissitudes de l'abondance et de la rareté. Pour l'avoir à bon marché, il faut la rendre abondante en provoquant la concurrence entre les détenteurs. Or, c'est la liberté de débattre le prix de la marchandise, c'est l'inconnu de ce que sera ce prix, c'est l'espoir de l'obtenir élevé, ce sont ces causes qui procurent l'arrivée des producteurs sur le marché, l'abondance de la marchandise, la concurrence des vendeurs, la baisse des prix. Donc, la liberté de prêter à prix débattu procurera le bon marché de la monnaie. — Vous jugerez, messieurs, la valeur de cet argument. En attendant, je vous prierai de remarquer que les usuriers réclament la liberté, non pour prêter à bon marché, mais pour prêter le plus cher possible.

» Les Économistes libre-usuristes appartiennent les uns à l'école anglaise de Bentham, et les autres à l'école française des politiques.

» Les disciples de Bentham veulent que chacun soit libre d'employer les moyens qu'il croira bons pour gagner sa vie ou pour s'enrichir; que chacun prenne l'initiative de ses affaires et en porte la responsabilité, misère ou fortune; que chacun songe aux autres ainsi qu'il l'entendra. C'est de ce principe qu'ils font découler la liberté de l'usure. C'est le principe de l'amour de soi-même : il ne renferme pas nécessairement l'égoïsme; il n'exclut ni la charité ni l'humanité; mais il permet tout, hors la violence et la fraude. C'est le principe de la société anglaise : nous n'avons pas à rechercher si cette nation s'en trouve bien; mais il est douteux que le peuple français s'en accommodât s'il avait pour résultat, comme en Angleterre, de supprimer la classe du petit industriel et de nous partager en deux classes ennemies, celle des riches et celle des pauvres. Au surplus, le caractère français aime la générosité et déteste quiconque tire tout à soi. Les raisonnements des disciples de Bentham ne seront jamais, en France, autre chose que des sophismes d'égoïste : la solidarité sociale qui n'absorbera pas l'individu dans l'État est le seul régime qui nous puisse convenir.

» Les Libre-usuristes politiques n'ont pas la prétention de faire de nous des Anglais malgré nous. Ils reconnaissent de bonne foi que la liberté du prêt rendra l'argent plus cher pour le petit industriel, et qu'elle pourra lui causer de grandes misères. Mais ils s'écrient avec enthousiasme : — La liberté de l'intérêt est la clef de voûte de la liberté du commerce; elle apportera des trésors en abondance dans toutes les entreprises; elle surexcitera les efforts du génie de l'homme; elle assurera l'alimentation du travail national, sans lequel notre pays est ingouvernable ; elle nous rendra d'immenses services. Qu'importent des misères passagères dans la vie d'un peuple, si elles doivent procurer l'amélioration de son sort! Qu'importe la mort de vingt mille soldats sur le champ de bataille, si elle doit assurer la victoire et le salut de la patrie! La petite industrie dût-elle périr, cet incident ne serait que l'une des conséquences du progrès qui a remplacé la lenteur du roulage par la vitesse des chemins de fer.

» Les Juristes, messieurs, sont des adversaires prononcés de la libre usure. A la chaleureuse apostrophe des politiques, ils répondent froidement qu'il n'est pas permis de commettre le plus petit mal pour obtenir quel grand bien que ce soit. — L'équité est inviolable. Si l'on juge que la rémunération actuelle du prêt soit insuffisante, le législateur peut l'élever à un taux supérieur. Mais il serait contraire à la justice de souffrir que les particuliers pussent la porter à un taux arbitraire qui serait le plus souvent fixé au grand préjudice de l'emprunteur.

» Les Économistes de l'école réciprocitaire se

réunissent aux Juristes pour combattre la libre usure. »

Me Droiturier : « Je demande la parole. »

Me Odet continue : « Les Réciprocitaires vont plus loin que les Juristes : ils veulent que le crédit soit gratuit, et proposent des moyens de se passer de l'argent. Je ne parlerai de leur système que pour constater que personne ne prêtera son argent gratis tant que cet argent n'aura pas cessé d'être nécessaire.

» Je viens d'exposer, messieurs, les prétentions contraires des Libre-usuristes et de leurs adversaires. Je vais terminer en indiquant mon très-humble avis sur la question.

» Je dirai d'abord, messieurs, que pas un emprunteur n'est assez dupe pour admettre que l'on prêtera à bon marché quand il sera permis de prêter cher. Cet aphorisme est démenti par ce que l'on connaît du cœur des gens d'argent, qui, sachant que l'on ne se peut passer d'eux, préféreront toujours attendre plutôt que de prêter au-dessous du prix qu'ils demandent. Ils produiront à leur gré, dans le rayon de leur influence, une rareté factice du numéraire, qui forcera l'emprunteur à subir leurs conditions.

» Néanmoins, il faut reconnaître que parfois il surgit, tantôt un malaise ou une crise et tantôt un essor de travail ou une exportation d'espèces, et, qu'à ces époques, le grand risque des affaires ou le grand emploi des espèces produit une rareté réelle et générale du numéraire. C'est alors que la Banque de France, profitant de la latitude que la loi de 1857 lui a accordée, élève le taux de ses escomptes au-dessus du taux fixé par la loi de 1807. Il est bien certain que, dans ces cas, la rareté du numéraire n'est pas factice, et l'on ne voit pas tout de suite, la raison de défendre aux particuliers de prêter au-dessus du taux légal, quand on le permet à la Banque. Mais cette contradiction apparente n'est pas réelle : j'en demande pardon à notre illustre bâtonnier. Car, messieurs, la Banque n'est pas libre d'élever arbitrairement le taux de son escompte ; elle est soumise à un double régulateur, c'est-à-dire, à l'inspection du gouvernement et à la surveillance de l'opinion publique. Aussi, dès que les causes qui ont forcé d'élever l'escompte cessent d'exister, la Banque s'empresse-t-elle de l'abaisser : l'élévation est tout à fait exceptionnelle et éphémère. La Banque n'est donc pas libre de créer une rareté factice du numéraire : il serait plus vrai de dire qu'elle est l'esclave de la rareté réelle. Ah ! si les Libre-usuristes ne demandaient pas d'autre liberté que celle dont jouit la Banque, leur argumentation serait irréfutable. Mais cela ne ferait pas le compte des prêteurs, leurs clients. Ceux-ci entendent être libres de prêter à l'intérêt de neuf pour cent quand la Banque élève son escompte à ce taux ; mais ils n'entendent pas être soumis à abaisser le taux de leur intérêt quand la Banque abaisse le taux de son escompte. En un mot, ils veulent être libres de prêter à neuf pour cent quand la Banque escompte à trois pour cent.

» Ce n'est pas tout, messieurs ! La faveur accordée à la Banque par la loi de 1857 ne vaut pas la faveur que la loi de 1807 accorde aux particuliers. Car, dans le courant d'une année, la Banque escompte le plus souvent au-dessous de six pour cent; d'où la conséquence que son escompte n'arrive pas à six pour cent l'an, tandis qu'en vertu de la loi de 1807, les particuliers prêtent *ferme* à six pour cent l'an.

» Ainsi, messieurs, les prêteurs d'argent, tout bien considéré, préféreront le régime de la loi de 1807 à la prétendue liberté de la Banque; et je conclus qu'à moins de réorganiser le crédit, il convient de maintenir la réglementation de l'intérêt telle qu'elle existe. »

M. le Président : « La parole est à Me Droiturier. »

Me Droiturier : « Le discours de Me Odet est remarquable par la clarté, par la bonne méthode et par la force des raisonnements. Sa réfutation des Libre-usuristes me paraît sans réplique. Cependant il est quelques points sur lesquels je demande la permission d'insister.

» D'abord, Me Odet a dédaigné de réfuter les usuriers qui prétendent que la monnaie est une marchandise. Je partage son dédain, mais je ne voudrais pas que les usuriers pussent se vanter de n'avoir pas été réfutés, et je leur réponds : — La monnaie est fondue, laminée, découpée, frappée, fabriquée tout entière par l'État ; elle est par l'État livrée, pour seulement en faire usage, sans qu'on puisse la dénaturer; elle ne peut être transformée par personne ; elle est émise pour servir à l'échange, pour être la contre-valeur fixe de la marchandise, pour faire l'appoint des comptes, et, par la nature de sa destination, elle devrait uniquement circuler et passer de mains en mains : tandis que la marchandise est, par le particulier, produite, manipulée, consommée, détruite selon son bon plaisir. Donc, la monnaie n'est pas une marchandise.

» Et, si elle est marchandise, elle ne l'est pas

comme une autre; elle ne s'achète pas, elle ne se vend pas dans les mêmes conditions. La marchandise arrive sur le marché avec des accidents de route, avec des frais de transport. Si elle est plus demandée qu'offerte, si elle est rare, le consommateur est contraint de l'enlever à tout prix. Si elle est plus offerte que demandée, si elle est abondante, le détenteur, forcé de vendre pour éviter une foule de frais, est contraint de la laisser à vil prix : tandis que la monnaie sort des mains de l'État façonnée, garantie, parfaite. Pour se déplacer, elle attend qu'elle soit appelée. Si elle manque, on la remplace par le crédit à la personne, par le crédit au gage. Si elle surabonde, le détenteur la garde ou l'emploie sans crainte d'avarie, de frais et de perte; il n'est pas contraint de la laisser à vil prix; il a toujours le choix de l'employer au lieu de la prêter; il est toujours maître de fixer lui-même le prix au-dessous duquel il ne la prêtera pas.

» Donc, la liberté du commerce de l'argent

n'amènera pas la concurrence entre les détenteurs : l'avarice cruelle, l'usure insatiable, entraveront toujours le bon marché du numéraire.

« Me Odet s'est pareillement contenté de proclamer que les principes de l'école anglaise sont antipathiques au caractère français : cela est vrai, mais je voudrais prouver aux économistes anglais qu'ils ont tort. Leur principe fondamental, c'est : *Chacun pour soi.* Eh bien ! ce principe est injuste et anti-social. Il est injuste, car le droit dans sa rigueur est le comble de l'injustice : *Summum jus, summa injuria.* Il est anti-social, car s'il laisse le citoyen libre d'être humain pour ses semblables, il ne lui impose pas le devoir de porter secours aux malheureux. Assurément, Me Odet partage cette appréciation, et, s'il ne l'a développée, c'est qu'elle s'éloignait du sujet principal : je suivrai son exemple.

» Mais il est deux points sur lesquels l'honorable Me Odet et moi nous différons d'opinion. Les voici :

» Me Odet m'a paru admettre que les Juristes

n'ont pas d'autre argument contre la libre-usure que la violation de l'équité; et, de plus, il n'a pas contesté que la libre-usure rendrait de grands services à la société. Que Me Odet, mon excellent ami, me permette de combattre les concessions qu'il a faites à nos adversaires.

» Sur le premier point, je dis, messieurs, que la libre-usure serait incompatible avec la loi qui régit les sociétés civiles et commerciales, et qu'elle entraînerait la désuétude de l'association. Nous savons tous que, d'après les dispositions du Code Napoléon, l'on ne peut affranchir de toute contribution aux pertes les fonds apportés en société, et que l'on ne peut attribuer à un associé la totalité des bénéfices. Or, il est évident que l'usurier, s'il peut prêter à un taux illimité, sera plus favorisé que l'associé bailleur de fonds. L'usurier sera affranchi, en droit, de toute contribution aux pertes de sa victime, et prendra, en fait, tous les moyens possibles pour assurer le remboursement de sa créance. Et puis, il exigera le taux d'intérêt qu'il voudra, un taux qui pourra équivaloir à la totalité des bénéfices que l'emprunteur retirera de la somme prêtée. Pourquoi donc accorderait-on à l'usurier des faveurs que la loi refuse à l'associé? Pourquoi démuseler l'usurier quand on maintient les restrictions imposées à l'associé? Évidemment, le capitaliste préférera prêter à usure, avec garantie et gros bénéfices, plutôt que de placer ses fonds dans une association, avec risque de perte et bénéfice modéré.

» Ainsi, messieurs, la pratique de l'association serait délaissée, ce qui me fournit déjà le droit de conclure que la libre-usure serait un immense malheur pour la civilisation. L'association distribue équitablement au travail et au capital, à chacun sa part de rémunération: c'est pour cela qu'elle stimule leur mutuelle coopération dans les entreprises; c'est pour cela qu'elle a fait de si grandes choses depuis vingt-cinq ans; c'est pour cela qu'elle apparaît dans l'avenir comme le puissant moteur de tous les progrès. Tandis que si l'on décrète la libre-usure, le capital prélèvera le plus clair des profits, et le travail mal récompensé perdra son génie inventeur et sa force créatrice.

» Alors, messieurs, au lieu de la prospérité que nous promettent les Libre-usuristes, nous aurons la décadence; et si, comme ils ne craignent pas de le prévoir, la petite industrie était ruinée et supprimée, notre patrie serait continuellement agitée par des séditions, menacée de catastrophes et dévouée à une ruine certaine. Hélas! il n'est pas même possible d'espérer que le capitaliste saurait prévenir cette malheureuse issue par la modération de ses prétentions. Jugez, messieurs, de ce qu'il en serait d'après ce qui s'est passé de nos jours. L'amour du gain rapide et sans travail s'est propagé dans toutes les classes de la société comme une corruption endémique. La fureur agioteuse a enflammé toutes les imaginations, excité toutes les cupidités, mis en rut tous les appétits. Nous avons vu se livrer à toutes les ardeurs d'une spéculation effrénée une tourbe immense et confuse de financiers, négociants, industriels, de rentiers, propriétaires, cultivateurs, de militaires, savants, hommes de lettres, de prêtres, religieux, mères de famille, d'ouvriers et de servantes; nous les avons vus se précipiter pêle-mêle avec des fripons, des escrocs, se faisant leurs associés ou leurs complices, s'entraîner les uns les autres dans une ronde infernale autour de la Bourse, autour de ce temple relevé des mauvais instincts que le paganisme avait divinisés; nous les avons vus élever des regards de convoitise, tendre des mains rapaces vers les pontifes de ces divinités voleuses, demander la hausse, invoquer la baisse, acclamer le bénéfice aléatoire par n'importe quels moyens! O honte! ô déshonneur! L'on a fait argent de son nom, trafic de son honorabilité! L'on a vendu son patronage, sans responsabilité, sans garantie! Et quand une loi honnête a voulu faire cesser cette irresponsabilité escroqueuse, *les honorables* se sont retirés des affaires!... Et c'est à ces affamés d'actions libérées, de primes, intérêts et dividendes, que l'on veut donner la liberté de dévorer ! Quelles ripailles sanglantes ils engloutiraient sans répugnance et sans remords !

» Pardon, messieurs, de la vivacité de mes paroles. Mais le tableau de mœurs que je viens d'esquisser me paraît la démonstration vivante du danger qui menacerait la société française si l'on abrogeait la loi de 1807. »

Me Secretory : « Je demande la parole. »

M. le Président : « Parlez, monsieur. »

Me Secretory : « Il m'est impossible de reconnaître, messieurs, que la liberté de l'intérêt amènerait la désuétude de l'association. La société à responsabilité limitée, cette société modèle qui supprime la gérance omnipotente et qui soumet démocratiquement l'administration aux décisions de la majorité des actionnaires, n'est-elle pas une garantie de liberté ? Et d'ailleurs, peut-on supposer qu'un particulier, libre de choisir entre le prêt et l'association, se déterminera nécessairement pour le prêt? Les négociants qui composent les Chambres de commerce sont généralement des chefs de maison d'associés : croyez-vous qu'ils songent à rompre leur contrat d'association ?... Pour moi, je ne comprends pas cette fatalité qui est incompatible avec le libre-arbitre, et j'adhère entièrement à l'opinion de notre illustre maître. »

M. le Président : « Je pense, messieurs, que nos jeunes orateurs ont omis de traiter le véritable côté de la question. La liberté de l'intérêt serait accueillie de l'industrie avec reconnaissance. Les Chambres de commerce connaissent mieux que personne les besoins et les tendances des commerçants, et, à l'unanimité, elles ont demandé l'abrogation de la loi de 1807. La question est donc jugée en matière de commerce. Elle doit être également jugée dans le sens de la liberté en matière civile. Je comprends les raisons de soutenir qu'il faut maintenir la loi de 1807 pour protéger les habitants des campagnes ; mais c'est l'ignorance, c'est la réglementation excessive qui ont créé dans les campagnes la situation qu'on nous oppose.

Il faudrait que les vraies notions d'économie y fussent plus répandues. Si les habitants des campagnes connaissaient mieux le mécanisme de la production et de la consommation, s'ils savaient quels sont leurs vrais intérêts quand ils empruntent, *ils auraient recours au prêt chirographaire, de préférence au prêt hypothécaire*, et ils auraient moins à souffrir de l'usure criminelle. Il pourrait y avoir d'abord quelques abus, mais le progrès naîtrait de l'habitude, et là encore la liberté deviendrait un bienfait. La liberté doit être réclamée et donnée partout où elle ne peut pas causer de préjudice. »

A la demande générale la discussion est continuée à la prochaine conférence.

L'assemblée n'avait pas été convaincue par l'éloquence de Me Cabral : elle ajourna sa décision, par esprit de déférence, pour ne pas infliger à son bâtonnier une défaite immédiate et sans honneur. Car, n'en doutons pas, les avocats peuvent être de très-mauvaises langues, mais, généralement, ils ne désertent pas la grande cause du droit, de la justice et de la morale.

Par bonheur pour la susceptibilité de Mᵉ Jules Cabral, un certain avocat, du nom trivial de Pierre Guignol, n'assistait pas à la conférence. Ce maître-là, plus fort en thèses qu'en civilité, eût été capable de répliquer à son bâtonnier, séance tenante. Ce n'est pas que son opinion soit plus favorable à la réglementation de l'intérêt qu'à la libre-usure ; il ne veut ni de l'une ni de l'autre ; *il veut que le prêt soit supprimé et remplacé par l'association en commandite pour fonder les entreprises, et par l'association en participation pour les exécuter.* Mon Dieu ! quel scandale dans la cérémonieuse assemblée si Mᵉ Pierre Guignol, apostrophant Mᵉ Cabral, se fût écrié :

« Maître Cabral, vous parlez bien légèrement de la question la plus difficile entre les questions qui embarrassent les spécialistes.

» *D'abord, qu'est-ce que cette science dont vous invoquez le témoignage unanime?* — L'économie sociale n'est point un corps de connaissances exactes dérivant de principes démontrés : elle n'est qu'un ensemble d'observations indécises, de faits variables, une étude de phénomènes qui dépendent de la volonté des hommes, de l'habileté ou de l'erreur de leurs appréciations; elle n'est quelque chose de vrai que lorsqu'elle se borne à énoncer les procédés des industriels, des commerçants, des spéculateurs, des politiques; elle n'est que l'art d'apprendre ces procédés et de les enseigner ensuite. Vraiment, l'on croirait que vous prenez pour des savants tous les inventeurs de paradoxes, de systèmes et d'utopies, qui se donnent la mission de faire notre bonheur malgré nous!

» *Vous ajoutez que la pratique a donné raison à la science.* — Mais cette assertion est de pure fantaisie. Faites-vous allusion à la pratique de l'Angleterre qui profite de la liberté de l'intérêt? Mais je vous répondrai par la pratique de l'Italie, exploitée et ruinée par l'usure. Je vous dirai que la pratique entre de riches prêteurs et de riches emprunteurs, comme en Angleterre, diffère de la pratique entre de riches prêteurs et de pauvres emprunteurs, comme en Italie et en France. Entendez-vous parler de la science et de la pratique des Chambres de commerce? Mais les Chambres de commerce ne sont composées que de négociants notables, et ces messieurs ne représentent pas la vile multitude, dont ils ne s'inquiètent que pour l'amour de Dieu. Interrogez les petites gens, si vous voulez savoir quel cas ils font de la pratique de l'usure? Je vous garantis qu'ils ne seront pas d'accord avec la science unanime que vous avez consultée.

» *La loi qui est violée exige d'être modifiée, avez-vous dit.* — Ah! maître, pour croire que vous ayez affirmé cette erreur, j'ai besoin de me rappeler que le Grand Poëte sommeillait quelquefois. Oui, si la loi est violée par des hommes de haute raison, de haute sagesse, de très-haute délicatesse, elle doit être abrogée ou réformée : ils ne la violeraient pas si elle n'était mauvaise. Mais les hommes d'argent riraient eux-mêmes de votre ingénuité, si vous les mettiez au nombre des saints.

» *Vous affirmez encore que le prêt forcé serait la conséquence de l'intérêt forcé.* — Ah! maître Cabral, si cela est vrai, comment expliquerez-vous que depuis 1807, personne, à l'exception des voleurs, n'ait songé à mettre votre raisonnement en pratique? Prenez garde! Rendez aux saints ce qui appartient aux saints, et aux voleurs ce qui appartient aux voleurs. Ne confondez pas les hommes qui sont capables de sacrifier leurs droits à leurs devoirs, avec ceux qui réclament des droits pour se dispenser de leurs devoirs. Autrement, l'on vous accusera d'avoir une logique forcée.

» *Vous avez parlé de la liberté que la loi de* 1857 *aurait accordée à la Banque d'élever son escompte au-dessus de* 6 *pour cent.* — Mais il a été longuement démontré par Me Odet, mon ami, que cette prétendue liberté n'est qu'une facilité qui ne procure pas même à la Banque un intérêt de 6 pour cent l'an. Quand vous aurez répondu à sa vigoureuse démonstration, je répliquerai.

» De même, vous n'avez pas répondu aux considérations qu'a improvisées l'estimable Me Droiturier. Vous avez gardé le silence sur les périls dont la société française serait menacée par la suppression de la petite industrie. Cependant, je m'attendais à entendre un démocrate aussi populaire que vous, former des vœux pour que la vile multitude ne fût plus réduite à se faire le manœuvre des grands industriels ou à se soulever. Et moi, pour vous rassurer, je vous aurais prédit un prochain avenir où, grâce à l'application d'un moyen de crédit, qui n'est ni le prêt libre ni le prêt forcé, la petite industrie s'élèvera au niveau de la grande et finira par absorber sa rivale.

» *Reconnaîtrez-vous maintenant, maître Cabral, que la question n'est pas jugée en matière de commerce?* — Je l'espère, car je me refuse à croire que vous méprisiez la vile multitude, qui est unanime pour contredire l'opinion des Chambres de commerce. Tout au plus manque-t-il à cette unanimité quelques démocrates étourdis qui ne comprennent pas que la liberté de quelques-uns, au préjudice du grand nombre, est la pire des tyrannies. — *J'espère aussi que vous changerez d'avis en matière civile.* — Il est vrai, maître Cabral, que nos paysans ne sont pas docteurs ès-sciences, mais ils n'en sont pas moins malins en ce qui touche *la production et la consommation dont vous prétendez qu'ils ignorent le mécanisme;* et je vous engage à ne pas vous fier *à leur ignorance*, si vous avez affaire avec eux. Ne prenez pas la peine d'établir chez eux une chaire d'économie sociale. Ils iraient à la première séance du docte professeur, par curiosité; mais s'ils s'entendaient dire : — *Bonnes gens, empruntez par simple billet et non pas par hypothèque; vous souffrirez moins de l'usure criminelle,* — ils jetteraient leurs bonnets à la tête de ce Me Lapalisse, et le laisseraient professer dans le désert, pour aller entendre leur curé prêcher : — *Le bon Dieu ne voulait pas, autrefois, que l'on retirât un intérêt de son argent. Il paraît qu'il a changé d'avis, et qu'il consent aujourd'hui à ce que le Code Napoléon remplace son Évangile. Mais il tient à ce que, du moins, ce Code soit observé à la lettre. Les riches seront damnés s'ils prêtent leur argent au-dessus du cinq pour cent; car le bon Dieu n'acceptera pas dans son paradis les gens qui sont inhumains. Les riches qui exigent une hypothèque sans nécessité sont encore blâmables pour cela. Quand l'emprunteur est un homme laborieux, honnête, qui ne fréquente pas les cabarets, prêtez-lui sur sa simple promesse : vous n'avez pas besoin de la garantie d'une hypothèque dont les frais l'accableront. Surtout n'écoutez pas les hérétiques, qui viennent vous dire que l'on est libre de prêter au-dessus de l'intérêt fixé par la loi. La vraie liberté, c'est la force d'asservir ses passions au devoir, c'est l'esprit du bon Dieu, et cet esprit ne fait jamais de mal.*

» Ce qu'il y a d'extraordinaire, maître Cabral, c'est qu'en finissant votre discours, vous ayez dit *que la liberté doit être réclamée et donnée partout où elle ne peut pas causer de préjudice*. Car, n'est-ce pas là toute la pensée du curé campagnard? Et, au fond, ne dites-vous pas l'un comme l'autre que la liberté de l'homme doit être réglée par la loi, quand l'homme n'est pas assez vertueux pour la régler lui-même par le devoir? Ah! plus tard, quand les utopistes auront amélioré l'espèce humaine, nous aviserons. Mais alors, il n'y aura point de raison pour ne pas supprimer toutes les lois *et tous les hommes de loi :* voyez, messieurs, où cela nous conduirait.

» En tout cas, maître Cabral, vous êtes mieux d'accord avec M. le curé qu'avec Me Sécrétory, votre adepte, qui ne croit pas que les notables des Chambres de commerce puissent se laisser dominer par leur intérêt. Ah! maître Sécrétory! vous accordez trop gratuitement à messieurs les notables une force de liberté que nous-mêmes, avocats, nous ne possédons pas! Si l'on nous a accordé la liberté de médire des plaideurs, c'est que l'on nous a cru incapables de médire sans nécessité. Et cependant, *cela peut se dire entre nous,* résistons-nous jamais à la tentation d'insulter la partie adverse pour complaire à notre client?»

Qu'eût répondu Me Jules Cabral à ce discours *ad hominem ?...* Sans nul doute, il ne se fût pas rendu : un avocat ne se rend jamais ; il préfère dire que son contradicteur a eu de la chance, s'il n'ose dire que ses juges sont des ignorants.

Cependant, ne désespérons pas de le convertir à l'opinion de Me Pierre Guignol. Tôt ou tard, Me Cabral apprendra deux choses : *la première*, c'est que les économistes sont seuls à proclamer que leur amphigouri est une science ; *et la seconde*, c'est que les partisans de la liberté illimitée sont des habiles qui aimeraient à pêcher en eau trouble. Le jour où il sera persuadé que ces deux propositions sont vraies comme paroles d'Évangile, il saura combattre mieux que personne les sophistes et les libérâtres. Car Me Jules Cabral n'a défendu la mauvaise cause de la libre-usure que par crainte de passer pour un ignorant ou pour un libéral trop peu avancé. Son amour-propre finira par céder à son ardent amour pour le peuple.

Me PIERRE GUIGNOL

Lui, Pierre Guignol, est vraiment noble... noble à trente-deux quartiers, sans supposition de naissance et sans mésalliance, dès avant les temps historiques jusqu'à son illustre père et jusqu'à sa mère non moins distinguée. Il n'a point usurpé un nom de qualité, comme se l'est permis son confrère, Me de Mérule. Au contraire, il ne réclame pas son vrai nom, et se laisse appeler du sobriquet de Guignol que, par dérision, l'on donna à sa famille quand elle fut tombée dans le malheur. En effet, la gloire de sa race a eu des intermittences de splendeur, de revers et d'obscurité; car il est de l'engeance gauloise des Ganelons.

Ce fut l'un de ses ancêtres qui forma le redoutable corps de ces Gaulois celtes qui combattaient nus pour être plus agiles à fendre l'ennemi de leur glaive pesant et puissant.

Ce fut le même qui mena des bandes chevelues au pillage du temple de Delphes, et qui pesa la rançon de Rome en faisant le bon poids avec sa lourde épée.

Ce fut aussi l'un de ses ancêtres qui ne voulut reconnaître d'autre divinité que l'auteur de la nature, qu'il adora sous le vocable du dieu Friko. Implorer du ciel d'abondantes récoltes et de vineuses vendanges; conquérir de belles esclaves et de riches dépouilles; se réjouir en de copieux banquets ; honorer sa femme ; aguerrir ses fils; défendre son ami ; tenir sa parole ; mépriser la mort ; croire que la vie se continue dans l'autre monde, et promettre d'y payer ses dettes : tel est l'abrégé du culte et de la morale qu'il enseignait à ses contemporains. Il niait les commandements des dieux Thor et Taranis, et désobéissait à ceux de l'église druidique. Ses essais de libre-pensée ne furent pas heureux :

accusé d'impiété et condamné, il fut brûlé vif en l'honneur du féroce Thor, sans que le bon dieu Friko fît rien pour le sauver de l'affreux supplice.

Les druides gardèrent une haine de prêtre à la famille du martyr. Quand ils avaient à immoler une vierge pour fêter leur Taranis, buveur de sang, ils choisissaient la plus jolie fille des Ganelons; et quand, dans les assemblées publiques, un chef Ganelon proposait une motion dans l'intérêt du peuple, ils cabalaient pour la faire rejeter, et souvent y réussissaient.

Un politique de cette famille, prévoyant les invasions des Romains, partit de la Gaule celtique, pays que l'on nomme aujourd'hui Lyonnais et Beaujolais, et se rendit chez toutes les peuplades des Gaules pour les engager à former une ligue nationale sous le généralat d'un chef de guerre. Partout sa proposition fut rejetée sous l'influence contraire des druides ennemis.

Jules César vint. Le salut public exigeait que la nation s'unît dans une centralisation invincible, ou du moins, se fédéralisât sous un commandement unique. — Les Ganelons le demandèrent ; les druides s'y opposèrent. Ces derniers étaient chargés de la religion et de l'instruction ; et grâce à ce monopole, ils exerçaient en tous lieux l'autorité absolue d'une théocratie infaillible. Ils pressentirent que la centralisation annulerait leur influence, et que la fédération la mettrait en péril ; et entre eux, ils se dirent : Périsse la nation plutôt que notre domination !

L'on sait que les Gaulois se défendirent avec intrépidité, mais que, malgré leur vaillance, ils succombèrent, s'étant laissé attaquer les uns après les autres, et parfois écraser, avant d'avoir pu se ranger en lignes de bataille.

L'on sait que la nation périt, mais que les Romains conservèrent les druides.

Le pays natal des Ganelons s'étendait de la Saône à la Loire, entre le mont d'Or et les Thorins, et comprenait les collines du Beaujolais alors cachées sous des forêts de chênes, de hautes montagnes couvertes de sapins altiers, et les vallées profondes de l'Ardière, de l'Azergues, de la Brévenne et du Reins. Les Ganelons s'y cantonnèrent, et firent aux Romains une atroce guerre de partisans. Vainement, Jules César établit un camp sur les sommets de l'Avenas et construisit des tours dans la plaine : il ne put les soumettre, et s'en vengea dans ses *Commentaires*, en leur léguant ce souvenir de rancune : *Bona terra, mala gens.*

Les Ganelons s'étaient fortifiés sur la crête de l'inacessible Torvayon, entouré de bois impénétrables ; et du haut de leur aire, ils fondaient sur leurs ennemis, les taillaient en pièces, les dépouillaient et remportaient leur butin. Ils virent arriver successivement les empires des Romains, des Barbares et des Francs, sans faire la paix avec ces usurpateurs et sans jamais se rendre.

Ils portèrent le titre de prince, et furent les chefs des montagnards dans les guerres que ceux-ci soutinrent contre les seigneurs francs, pour défendre la liberté... de battre leur femme.

Par malheur, les Ganelons s'amollirent, et leur nid d'aigles devint un juchoir de coqs gaulois. L'un d'eux se fit voleur de jolies filles. Il enleva celle d'un sire de Beaujeu qui mit le feu au bois de Torvayon, prit d'assaut la forteresse, en rasa les murailles, s'empara du ravisseur et l'écartela.

Les enfants du supplicié furent épargnés, mais ils devinrent misérables. Ils ne quittèrent point le pays, mais il vécurent à part et se marièrent entre eux, sans se mêler ni aux Gallo-Romains ni aux Francs. Bientôt ils pullulèrent comme des gueux. Les uns firent souche de mendiants et les autres souche de tisserands.

Les mendiants n'avaient ni feu ni lieu. Ils venaient de village en village, de maison en maison, portant sur l'épaule une besace où ils amassaient les morceaux de pain qu'on leur donnait. Jamais, ils n'allaient chez les Francs, et même ils entraient chez les Gallo-Romains sans rien demander. Ils s'asseyaient au coin de l'âtre, attendant en silence qu'on leur trempât leurs morceaux de pain dans une écuelle de bois, et, la soupe mangée, ils continuaient leur chemin. En hiver, ils couchaient dans les granges, sur la paille. En été, ils grimpaient à la cime des sapins, liaient des branches ensemble et s'y couchaient comme sur un hamac. Ils ne faisaient de mal à personne, pas même aux enfants qui s'amusaient d'eux, mais ils gardèrent contre les Francs un venin mortel. O qu'ils furent cruels, en 1793, quand ils assouvirent leur haine implacable !... Cette branche des Ganelons s'est éteinte sous le tiède souffle de notre civilisation émolliente qui apaise les caractères farouches et accepte tous les faits accomplis. En l'année 1848, il en vivait un dernier rejeton. Nous l'avons connu : il se vantait d'être le prince de Ganelon, et cependant, il était ensevelisseur de morts... A son tour, il est mort, et son corps a été jeté dans la fosse commune.

La branche des Ganelons tisserands descendit des montagnes et vint se fixer à Lyon quand les

Florentins apportèrent dans cette ville la belle industrie des soieries. Ces Ganelons se multiplièrent comme des poissons dans l'eau de rivière, à tel point qu'on les appela du nom de Guignol, mot latin-de-cuisine qui vient de *gigno*, j'engendre. Guignol était synonyme de prolétaire, enfant de la terre qui naît pour se reproduire, travailler et mourir. Longtemps ils ne reçurent parmi eux personne qui ne fût des leurs, et ne s'allièrent à aucune famille étrangère.

Quatre-vingt-neuf supprima leurs corporations ouvrières, à leur grande surprise, et les rendit méfiants pour le nouvel ordre social.

Mil huit cent trente leur apprit que les Gallo-Romains voulaient redevenir les maîtres, et leur donna à réfléchir.

Mil huit cent quarante-huit leur révéla que tous les hommes sont frères, sans distinction d'origine; et sitôt qu'ils eurent compris cette vérité récente, ils épousèrent toutes les jolies filles qui les voulurent et se perdirent dans la foule hybride des gens sans aïeux, bâtards de toutes les races, qui forment aujourd'hui l'espèce française.

Le père de Me Pierre Guignol était marié depuis longtemps à sa cousine Madelon. Il n'avait point mêlé son noble sang à du sang qu'on ne sait d'où. Il désapprouve les mésalliances. Ce n'est pas qu'il soit un sot : tant s'en faut ! Il a plus d'esprit dans son petit doigt que l'Académie dans ses quarante cervelles. C'est tout simplement parce qu'il est un original. Voyez vous-même :

D'abord, il ne se vêtit pas comme tout le monde : il a cela de commun avec le vieux marquis de la Vertepillière. Souliers à boucle, pantalon à sous-pieds et à petit pont, habit vert-pomme à queue de morue, chapeau peluche à forme évasée par le haut, mis d'aplomb sur une queue de cheveux noués qui lui couvre la nuque et retombe sur son collet de velours : voilà le grotesque accoutrement que le père Guignol ne quittera jamais et qu'il porte en tous lieux, sur son métier de tisseur, au cabaret, à l'église et sur son théâtre comique... oui, sur son théâtre !... Car, sachez-le bien, cet homme possède un génie universel.

Primo. Sans vouloir molester personne, nous vous le donnons pour le plus habile tisseur d'*étoffes façonnées.*

Secundo. Au cabaret, nul ne boit comme lui le beaujolais, ce bon vin du pays natal, le vin de son crû !

Tertio. A l'église, nul n'est de meilleure foi que lui, pourvu que le curé prêche l'amour de Dieu et des hommes et se taise sur la politique. Mais, dès qu'il l'entend dire qu'en 1848 le clergé a sauvé la famille et la propriété... La famille de qui ?... La propriété de quoi ? se demande-t-il. Et là-dessus, il sort et s'en va fumer un brûlot, jurant de ne plus revenir... Et si cela continue, il ne reviendra pas, n'en doutez point : le ressentiment des Ganelons contre les druides a conservé dans son cœur un vieux levain qui n'a pas perdu sa vertu de fermentation. Oh ! certes, il ne croit plus au dieu Friko, et il en rit tout le premier. Peut-être même, n'est-il pas bien ferré sur la divinité du Christ... du moins, quand un païen moderne a diffamé Jésus dans sa vie et dans sa doctrine démocratique, lui, Guignol, a gémi de voir outrager ce Jésus qui est le plus grand parmi les hommes, s'il n'est pas un dieu... C'est que Guignol est avant tout bon démocrate et, de plus, socialiste... tant que le socialisme ne touche pas à sa liberté personnelle. Il craint d'être l'esclave d'une aggrégation collective autant que le sujet d'un despote ; il ne veut entendre parler ni d'Icarie, ni de gendarmerie; et, d'après lui, cette forme de société sera la seule bonne qui saura faire vivre la tourbe des petits sans qu'ils s'exténuent à la peine, et qui conservera la centralisation nationale sans qu'elle absorbe l'individu : c'est le dada de sa morale religieuse, de ses opinions politiques et de ses pièces à marionnettes.

Quarto. Me Pierre Guignol se propose, dit-on, de publier le théâtre de son père. S'il parvient à obtenir des sultans du colportage la permission de faire colporter son livre parmi le peuple, nous lui promettons un succès dont gémiront de dépit les auteurs de vaudevilles. Car sur ce thème : — *Bien-être et liberté des petits*, — Guignol a composé des pièces comiques d'une verve qui fait rire aux éclats. Mais sa gaieté gauloise risquerait fort de déplaire aux beaux esprits du colportage. Ce n'est pas que Guignol soit indécent ou mal-appris : Oh ! non, certes ! il n'attache pas des chaînettes aux chevilles de Madelon, et il ne connaît pas la pudicité des poses plastiques. En un mot, Guignol a la manière d'un certain Poquelin, son cousin d'origine, qui s'est frankisé sous le nom de Molière; et assurément, si Molière écrivait de nos jours, la commission du colportage serait capable d'interdire au peuple la lecture de ses comédies immortelles.

Nous venons de prétendre que Guignol a la manière de Poquelin, mais l'on a compris que nous avons parlé de la verve des deux auteurs et non de leur mérite littéraire. Car Guignol dégoise sa belle humeur en jargon populacier, et si jamais il est élu de l'Académie, ce sera seulement... en mémoire de ses ancêtres.

Le comédien Guignol, tient plutôt de ses pères les gueux, que de ses aïeux les farouches Ganelons : il rit et se moque de tout. Il n'en est pas de même de Me Pierre Guignol, qui ne rit de rien et prend tout au sérieux, même les devoirs de sa profession. C'est peut-être la faute de Madelon, sa mère. En tout cas, imaginez-vous que cet original se fâche tout de bon contre les fripons et les méchants !... qu'il ne peut souffrir l'injustice ni l'oppression !... qu'il veut savoir à quoi s'en tenir sur l'équité des procès qu'on lui apporte à défendre !... et qu'il refuse les causes qui lui paraissent contraires à la délicatesse !... Écoutez-le, dans son cabinet, interroger son client avec rudesse, lui reprocher son manque de foi, lui rendre son dossier, et le reconduire à la porte en grommelant quelques duretés ! Écoutez-le, à l'audience, relever avec aigreur ce qui lui semble manquer à la justice ou à la vérité, s'emporter contre la partie adverse, attaquer les hommes d'affaires, et même, ne point ménager son honorable contradicteur !...

Tudieu! modérez-vous, maître Pierre Guignol, si vous voulez faire métier qui dure!... Et, de fait, Me Pierre Guignol n'était pas avocat depuis six mois, que déjà les clients lui faisaient défaut. Les clients maltraités ne lui sont pas revenus, et les hommes d'affaires, blessés, ont empêché que d'autres clients lui vinssent. Son cabinet est désert... Le voilà, désormais, avocat sans cause.

Ah! c'est pain bénit!... Pourquoi s'est-il fait avocat contre le gré d'un père qui n'aime ni les commissaires, ni les gendarmes, ni les huissiers, ni les avoués, ni les agréés, ni les avocats, ni les procureurs publics, ni les greffiers, ni les juges, ni les conseillers ?... et qui voudrait que tous les procès se jugeassent, entre la poire et le fromage, par un cabaretier trinquant avec les plaideurs !

Que va-t-il entreprendre?... S'il savait se grimer, il n'aurait qu'à choisir entre mille carrières, depuis le métier de Polichinelle jusqu'à la fonction de diplomate. Si seulement il savait déguiser la vérité ! Il aurait la chance de réussir dans la *casuistique*, dans la peinture de portraits, dans l'industrie, dans le commerce, et surtout dans la spéculation. Mais il ne sait pas même être avocat. Ganelon bataillard de caractère, il s'est affilié à une société de paix universelle... sans cela, il aurait pu faire un bon soldat.

Son père voulait qu'il fût marchand de vin; et ce sont les raisons que lui donna l'éloquence paternelle qui ont décidé de sa vocation pour la profession que présentement il-cumule avec celle d'avocat. Il n'est pas sans intérêt de les connaître.

« Mon fils, lui-dit Guignol, j'aurais bien voulu que tu me succédasses ; cela nous aurait fait grand plaisir, à ta mère Madelon et à moi, *ton propre père*. Nous nous faisons vieux. Nous possédons *quelques rotins*... Pardon, mon ami, d'avoir placé ce terme comique en matière si grave. J'entends dire que nous avons mis de côté quelques *jaunets* qui nous ont permis de te faire instruire et qui ne doivent rien au boulanger, au boucher, à l'épicier, au marchand de vin, au propriétaire, à personne. Nous avons eu le bon esprit de ne pas nous laisser *écornifler* par les larrons de la spéculation. Nous pourrions nous retirer et attendre, tranquilles, que les anciens nous appellent, en te voyant continuer notre heureuse vie. Je t'assure qu'elle est assez douce. Dans la journée, je passe quelques coups de navette pour m'entretenir la main : c'est un point d'honneur pour moi de rester *canut* jusqu'à ce que la *camarde* vienne me tordre le *corniolon*... Excuse-moi. Tu le sais, par habitude je ris de toutes choses... Le soir, à mon théâtre-guinguette, ta mère et moi, cachés derrière nos marionnettes, nous amusons notre public d'enfants, de bonnes, de mamans, de papas, et de bons garçons, qui, tous, ne demandent qu'à rire de nos joyeusetés et de notre patois. Nous n'avons pas de peine à cela, car nous ne cherchons pas midi à quatorze heures; nous parlons comme des personnes naturelles et le plus souvent, d'inspiration, sur ce qui arrive dans les ateliers ou dans la ville. Et enfin, nous ne sommes pas chiches; nous ne vendons pas nos bêtises. Le public boit, et ne paye pas autre chose. — Mais, suffit, tu n'as pas de goût pour l'état de ton père. Je n'ai parlé de tout ça que pour conclure à ce que je vas te dire. Écoute-moi bien !

» Ce qui fait venir pas mal de *pécunió* dans ma sacoche, c'est le bénéfice sur la consommation des buveurs que mon théâtre attire. Donc, si tu étais marchand de vin et que je t'enseignasse un moyen qui ne te coûtât rien pour attirer les buveurs chez toi, tu gagnerais gros d'argent. Eh bien ! ce moyen, le voici. Ne sois pas distrait, je t'en prie. Je ne ris pas.

» Depuis qu'il est question de liberté du commerce, les marchands de vin ne rêvent que *camelotte*. C'est à qui droguera le plus cette chère boisson, dont jadis la plus mauvaise était encore si bonne. Quel fameux *pichenet* ça faisait ! Aujourd'hui, c'est une horreur comme ils nous arrangent le vin ! L'on ne sait plus ce que l'on boit; l'on ne reconnaît plus les crûs du bon Dieu. Notre joli beaujolais, notre fin beaujolais, notre excellent beaujolais est coupé de plat bugey, mêlé d'affreux midi ! Le pavillon de la liberté ne couvre que du vin frelaté, et je doute que l'on trouve un marchand de vin qui ne fraude. Les amateurs en gémissent !!! ils sont dans la désolation. Or, les francs-buveurs sont nombreux, mon ami, et pas un ne manquerait d'accourir chez le marchand qui vendrait du vrai, du pur. Fais-toi donc marchand de vin, marchand honnête, comme il convient à un Ganelon. Spécule sur la probité. La chose sera neuve, mais tu réussiras. La probité est une bonne spéculation quand elle est devenue rare. Et d'ailleurs, le bien mal acquis ne profite pas longtemps. Sans probité, il n'est point de vraie liberté ni de sûre économie sociale : c'est moi. Guignol, qui te le dis. »

« — *Euréka! Euréka!* cria Me Pierre Guignol. — Que dis-tu? ce mot-là n'est pas de mon répertoire. — Oui, mon père, *Euréka!* c'est un mot grec que j'emprunte au syracusain Archimède. *Euréka* signifie que j'ai trouvé ma vocation. Vous avez parlé d'économie commerciale? Eh bien, mon père! je ne vendrai pas du vin! mais je veux être, mais je serai, mais je suis économiste! »

C'est de la sorte que Me Pierre Guignol, n'étant propre à rien, devint économiste et grossit la phalange des Gros-Jean qui en remontrent à leurs curés.

Nous n'aurions pas à le blâmer s'il fût entré à l'école des infatigables pionniers du progrès, qui étudient laborieusement l'art des praticiens de la politique, de l'industrie, du commerce et du crédit, et qui mettent en leçons, à la portée de tout le monde, les procédés qu'emploie le génie de leurs maîtres. Ces économistes utiles nous démontrent l'habileté du fabricant d'aiguilles et nous la proposent pour exemple. Mais

Me Pierre Guignol est entré dans le docte corps des économistes qui ne savent pas un mot de la pratique et qui ont la prétention de nous imposer leurs systèmes borgnes. Tous les déclassés, rentiers qui s'ennuient, littérateurs manqués. avocats sans cause et philanthropes, tout ce monde s'improvise économiste et professe qui, la protection, qui, la liberté illimitée, qui, la liberté réglée par la loi, qui, la réciprocité. Généralement, les rentiers oisifs sont protectionnistes, les littérateurs manqués sont libérâtres, les avocats sans cause, libéraux, et les philanthropes, réciprocitaires.

Me Pierre Guignol a choisi la plume à aigrette rouge des réciprocitaires, et, sans tarder, il a livré bataille, une bataille acharnée, à tous les économistes qui ne sont pas de son bord. Il les a tous à la fois attaqués, avec la fougue d'un premier combat; il a frappé à droite, à gauche, devant, derrière, comme un furieux. Voici des échantillons de sa manière :

« Comment! monsieur le protectionniste, vous

voulez que le peuple de France se nourrisse de pommes de terre quand son voisin, le peuple de la Belgique, mange de la miche ! Mais au moins maudissez l'agriculteur cupide qui garde le blé dans ses greniers jusqu'à ce qu'il se vende au poids de l'or ! *Qui abscondit frumenta, maledicetur in populis.*

» Et vous, monsieur le libérâtre, vous voulez que les excès de la liberté ne se puissent corriger que par leurs excès contraires. Mais, malheureux utopiste ! en attendant que l'équilibre se produise, si toutefois il se produit, que deviendront les faibles de corps, opprimés par les brutes... et les faibles d'esprit, trompés par les habiles?... Prenez donc garde! Vous êtes de ceux-ci, si vous n'êtes de ceux-là ! Point de milieu !

» Quant à vous, maître Sécrétory, mon honorable confrère, vous vantez la société à responsabilité limitée, non pour les services qu'elle rendra, mais parce qu'elle supprime l'omnipotence des gérants et la transfère à l'assemblée des actionnaires. Cette loi est démocratique, dites-vous ; elle règle la liberté par le vote de la majorité. — Ah ! mon cher, vous avez beaucoup d'esprit, vous écrivez avec élégance et sans fautes de français, cela est vrai, mais ce que vous soutenez n'a pas l'ombre du bon sens. Vous ne savez donc pas que dans les assemblées d'actionnaires il y a des chiens qui jappent, des loups qui hurlent et des moutons qui bêlent? Vous ne comprenez donc pas que remettre la décision des affaires aux uns c'est la remettre aux autres ! C'est trop fort d'ignorance ou d'innocence ! Allons, soyez conséquent, maître Sécrétory, et décidez aussi que, dans un atelier, le maître se taira et que les ouvriers commanderont !

» Vous, maître Droiturier, vous êtes partisan de l'intérêt limité, et vous protestez avec énergie contre la liberté de l'usure. Je vous en félicite. Mais vous êtes le juriste qui veut réprimer le mal : vous n'êtes pas l'économiste qui veut produire le bien. Vous voulez régler la liberté par l'arbitraire de la loi, tandis que la liberté ne se peut régler que par la morale. Il y a contradiction entre le Code qui *permet* de prêter à intérêt, et la loi qui limite l'intérêt, car l'on ne doit *permettre* rien qui ne soit moral, et si l'intérêt est moral parce qu'il est utile, pourquoi ne pas laisser les citoyens libres de le mesurer à son degré d'utilité ?

» Retournez donc, maître Droiturier, et vous, maître Sécrétory, retournez à vos procès! *Ne sutor ultra crepidam judicet.* »

Cette insolence d'avocat n'a pas été du goût de ses confrères. Le trait les a fait bondir. Nous comparer à un *sutor !* c'est une indignité !

« Et vous, Guignol! répliquent-ils à la fois avec cette exquise urbanité qui distinguait... les lavoirs publics d'Athènes : l'on voit bien que vous n'ètes qu'un Arlequin comme votre cocasse père! Vous ne voulez pas que l'on prête à usure... et vous ne voulez pas qu'on limite le taux de l'intérêt! Mais c'est tout uniment absurde! Allons, l'ami, vous batifolez de race. Retournez aux farces des marionnettes! Monsieur veut sans doute que l'on prête gratis : ah! la bonne économie ! »

« — Halte-là! mécréants! leur crie Me Pierre Guignol. Vous devriez être au moins respectueux pour la doctrine de Jésus, de ce sublime économiste devant qui se prosternent des génies bien au-dessus de votre coiffure. Quant à moi, je reconnais que le cœur humain est encore trop dur pour l'obliger économiquement au précepte du divin Maître. Je ne demande pas que l'on prête gratis, mais je demande *que l'on ne prête pas* : entendez-vous, messieurs les économistes manqués?... je demande *que l'on supprime le prêt lui-même* : le comprenez-vous, têtes de linottes?... je demande *qu'il soit défendu de prêter*. Oh! ne vous étonnez pas! Le crédit seul est nécessaire, et le prêt n'est pas le crédit : vous l'allez voir clair comme la lumière en plein soleil.

» La Banque de France fait du crédit, n'est-ce pas, messieurs? Eh bien! la Banque ne prête pas. Car il faut avoir de l'argent à soi pour en prêter, et la Banque n'en a point qui lui appartienne.

Son capital et sa réserve sont de	210,922,253 fr.
Ses placements immobilisés en fonds de l'État et en propriétés, sont de	221,269,741
Il s'en manque donc de. . .	10,346,888 fr.

qu'elle ait en caisse un rouge liard qui soit à elle. Et cependant, avec la confiance qu'on lui accorde, elle émet un crédit d'un milliard : 800 millions en billets et 200 millions en comptes courants.

» Ne dites pas, messieurs, que la Banque prête l'argent d'autrui et que je tourne dans un cercle vicieux ! Car je ne propose pas la Banque pour modèle. Son mode d'opérer n'est pas conforme au vrai principe du crédit : la preuve en est que, fondée en 1800 pour abaisser le taux de l'intérêt afin de multiplier les transactions, la Banque, en 1864, élève le taux de l'intérêt quand les transactions se multiplient. Elle a peur de la prospérité du commerce !

» Le vrai principe du crédit parmi les nations

civilisées, c'est que l'argent monnàyé ne doit servir qu'aux dépenses de l'État, aux menus besoins des particuliers, et aux payements du commerce extérieur. Hors de ces trois cas, le crédit doit se faire sans espèces; — non pas, avec la monnaie fiduciaire d'une banque d'actionnaires qui mangent des rôties au sucre dont le pain, le sucre et le vin ne sont pas à eux, — mais avec les effets de commerce eux-mêmes. Un jour viendra où le prêt sera supprimé entre particuliers, et où les banques démolies seront remplacées par une administration du crédit, analogue à celle des postes. Cette administration aura des succursales dans tous les centres de population. Quiconque le voudra, y viendra faire marquer sur des tableaux affichés, les choses qu'il offre et les choses qu'il demande. Ces tableaux seront transmis de succursale en succursale et resteront constamment exposés avec les échantillons et les prix-courants que l'on aura joints. Et par ce premier agencement, l'administration sera, *gratis*, le commissionnaire, le courtier, le représentant, l'intermédiaire des producteurs et des consommateurs. Quelle épargne, grand Dieu! sur le prix des choses, quand seront supprimés tous les parasites qui prélèvent commission, courtage, salaire, prime, agio sur chaque transaction!... Et puis, l'administration du crédit se chargera d'opérer les payements des acheteurs et les encaissements des vendeurs, sur de simples traites et remises, par virement de parties... sans argent, oui, sans argent!... moyennant un léger salaire. Quelle épargne d'intérêts, de commissions, de primes, de changes, de rechanges, de retraite, de ports de lettres et de frais de justice! Et cela ne sera pas difficile : il ne s'agira que d'exproprier, pour cause d'utilité publique, les prêteurs et les banquiers... sans avoir à leur payer ni compensation ni indemnité.

» Enfin, si l'expérience démontre que l'on ne peut se passer d'argent, l'on en sera quitte pour décréter que l'administration du crédit aura seule le droit d'emprunter et de prêter, et qu'elle sera l'intermédiaire obligé des travailleurs et des capitalistes, en même temps que l'intermédiaire volontaire des producteurs et des consommateurs. Hors ce cas, l'administration n'emprunterait ni ne prêterait à intérêt : elle répudierait cette rémunération anti-réciprocitaire; mais elle prêterait aux travailleurs moyennant une part débattue dans les bénéfices de leurs opérations, et emprunterait aux capitalistes moyennant une part, pareillement débattue, dans les bénéfices de ses propres opérations ; et, par ce procédé, elle les associerait de fait les uns et les autres dans une participation dont elle serait le centre et le régulateur. Qui osera soutenir que cette rémunération équilibrée par la crainte d'une égale contribution aux pertes, ne serait pas morale, équitable et conforme aux principes de la réciprocité, de cette loi future de la société humaine? Qui osera nier que cette organisation du crédit ne soit destinée à satisfaire réciproquement les travailleurs et les capitalistes et à réaliser l'accord du travail et du capital?... Vienne cet heureux temps, et je prédis à l'humanité une prospérité sans précédent. Alors, la valeur de l'argent monnayé cessera d'influer sur la valeur des produits; la monnaie perdra sa qualité d'échantillon des échanges; le travail deviendra la mesure de toutes les valeurs, et l'heure de travail remplacera le franc d'argent! Alors, la loi d'égoïsme cessera de gouverner la terre, et la face du monde ne sera plus attristée du spectacle de ces entreprises dont l'actionnaire oisif dévore tous les profits, tandis que le travailleur — qui apporte à l'œuvre les efforts de son intelligence ou les peines de son corps et quelquefois sa vie — ne reçoit qu'un salaire marchandé! Alors, le travail sera le partage de tous les hommes valides! Celui qui ne voudra travailler ni de l'intelligence ni du corps, sera réputé malfaiteur et sera puni de la même peine que le voleur! Et quand tous les hommes travailleront de bon cœur, ils commenceront à s'aimer. Les invalides seuls seront pauvres, mais seront fraternellement secourus, et la loi de réciprocité aura, peut-être, préparé l'avènement de la loi d'amour et de solidarité! »

Peut-être y a-t-il quelque chose d'émouvant dans ce pathos de Me Pierre Guignol et quelque chose de bon dans ce système de réciprocité dont il s'est institué l'avocat!... Peut-être gagnerait-il des prosélytes à ces idées!... Mais il veut que tout le monde s'embrasse, et lui ne cesse de jeter des pierres à tout le monde. Le Ganelon n'apporte aucune mesure dans ses discussions : il s'emporte, il se débat comme le diable dans l'eau bénite, dès qu'il est contredit.

Ainsi, quand il fut question d'un projet de loi pour abolir le taux légal de l'intérêt, il lança dans le public une brochure en colère, qu'il appela : *Le peuple proteste contre la liberté de l'usure.* En la lisant, il semble que l'on entend le cri de rage que son aïeul Ganelon dut pousser quand on l'écartela.

Ainsi encore, il avait conçu le projet d'un Comptoir qui aurait traité en participation avec le petit peuple pour lui procurer des commandes et lui aider à les exécuter. Cette maison de commission et de banque, créée à l'image de l'administration du crédit dont il a rêvé l'utopie, aurait permis d'essayer de la liberté de l'intérêt sans exposer le pauvre à être jugulé par les carnassiers de l'usure. Ce projet eût pu réussir; et déjà favorablement accueilli par des personnages d'autorité, il était arrivé jusqu'au ministre. Par malheur, Son Excellence consulta sur la question une Chambre de commerce composée de négociants-commissionnaires, et cette Chambre se prononça contre, sans demander à l'auteur ni communications ni explications. Si Mᵉ Pierre Guignol n'eût été un Ganelon, il aurait adressé de très-humbles remontrances à Son Excellence et lui aurait tenu, à peu près, ce langage : — Vous êtes avocat, Monsieur le ministre, et à ce titre vous savez tout : c'est une grâce d'état. Mais, sans rien savoir du crédit, vous auriez encore mieux jugé mon projet de Comptoir que n'ont pu le faire des négociants-commissionnaires qui, par faiblesse de nature, sont hostiles à toute concurrence. Examinez mon projet, je vous en supplie, Excellence; veuillez en rendre compte à *Celui* qui a ouvert à notre pays la carrière de la grande industrie et du grand commerce. Je m'inclinerai devant son jugement suprême, car je crois qu'il ne dédaignerait pas un projet utile au petit peuple, s'il le savait... Si l'Empereur le savait! — Au lieu de cela, Me Pierre Guignol a pris sa plume à rouge aigrette, pour prouver à la Chambre de commerce ce qu'elle savait mieux que lui... Et à son mémoire, personne n'ayant répondu, il aurait laissé son projet dans le linceul du silence jusqu'à la résurrection des morts, si notre mauvaise langue n'eût été indiscrète.

Résumons. Le mauvais caractère de Me Pierre Guignol en a fait un avocat insolent plus que pas un de ses confrères. Cependant, on peut le classer parmi les meilleurs pour la délicatesse, si ce n'est pour le talent. Car, en vérité, ce n'est pas lui qui aurait calomnié l'*illustre piocheur* du canal de Suez sur les dires d'un mamelouk. Il s'emporte contre l'injustice, mais il aime éperdûment la justice, et au fond de ses écrits l'on découvre un dévouement sincère pour l'humanité. Que voulez-vous? S'il a mauvaise tête, c'est qu'il est de la race des Ganelons, guerriers pillards, philosophes brûlés, patriotes méconnus, verts-galants écartelés. Et d'ailleurs, si au bon cœur que lui a donné sa mere, il eût réuni la belle humeur de son père, s'il eût été parfait, il n'aurait pas trouvé place ici.

Voici, en abrégé, le projet de Comptoir que Me Guignol a conçu. Nous l'offrons aux lecteurs sérieux, pour qu'ils veuillent bien l'examiner, et aux lecteurs curieux, pour les ennuyer.

COMPTOIR DE CRÉDIT EN PARTICIPATION

I

Ce Comptoir aura pour objet général de faire, en compte de participation ou en compte d'intérêt, selon les circonstances, toutes les opérations de recouvrement, d'escompte, de banque, de commission et de crédit usitées dans l'industrie et dans le commerce.

Il aura pour objet spécial de procurer des commandes aux industriels et de fournir des avances pour aider ceux-ci à manufacturer des produits de commande, moyennant participation aux bénéfices des commandes.

Il sera constitué au capital de.....

Il pourra recevoir des dépôts d'argent en compte d'intérêt et en compte de participation, au choix des prêteurs.

Il sera fondé par une société à responsabilité limitée, organisée conformément aux dispositions de la loi du 23 mai 1863.

Les actions seront de cinq cents francs : mais la société pourra accepter les souscriptions collectivement faites par des personnes qui se seraient associées en participation pour prendre indivisément une action unique. Seulement, pour ne pas contrevenir à la loi, elle sera tenue de mentionner dans le titre que l'action délivrée est indivisible.

La société de crédit en participation aura son Comptoir principal à.....

Elle sera administrée par un directeur du crédit et par des spécialistes de l'industrie et du commerce.

II

Les opérations du Comptoir seront soumises à un règlement qui sera conçu dans l'esprit des clauses suivantes :

§ 1er

Les emprunts à intérêt seront traités de gré à gré, sous les conditions d'usage.

Pour les emprunts en participation, la part de bénéfice des prêteurs se calculera au prorata des capitaux que le Comptoir aura employés pendant la durée du prêt. Elle se prendra à forfait, sur toutes les opérations qui auront été terminées entre le jour du prêt et le jour de l'ééchéance du remboursement, y compris celles qui auront été commencées auparavant et non compris celles qui, ayant été commencées dans ce laps de temps, seront encore inachevées au jour de l'échéance.

§ 2e

Les opérations d'industrie et de commerce en compte d'intérêt et les opérations de commerce en compte de participation seront traitées de gré à gré selon les usages.

§ 3e

Les opérations d'industrie en compte de participation, qui feront l'objet spécial du Comptoir, seront traitées sous des conditions dont voici les plus essentielles :

1. Le Comptoir restera étranger au travail de production proprement dit : sa coopération se bornera exclusivement à rechercher les commandes, à surveiller la solvabilité des com-

mettants, à suivre l'exécution des commissions, à fournir les avances et à faire des rentrées.

2. En conséquence, le Comptoir ne pourra jamais encourir d'autre chance de perte que celle qui résulterait de l'insolvabilité des commettants.

3. Les matières premières seront achetées par les soins de l'industriel, au nom du Comptoir et sous l'autorisation des administrateurs spécialistes du Comptoir.

La main-d'œuvre sera dirigée par l'industriel et payée par le Comptoir.

Les produits fabriqués seront rendus par l'industriel dans les magasins du Comptoir, et seront expédiés par le Comptoir aux commettants.

4. L'industriel sera responsable de toute erreur, de toute fraude, de tout accident de l'achat et de la production, comme aussi de tout retard de livraison et de tout laissé-pour-compte.

5. Le Comptoir sera seul en droit de recevoir les prix de vente, et, pour assurer l'exercice de

ce droit, les factures seront stipulées payables en une traite à l'ordre du Comptoir.

6. En cas de laissé-pour-compte, le Comptoir fera vendre les produits aux frais et risques de l'industriel, et ce dernier supportera seul la perte qui serait faite à la vente sur le prix de la commande.

Cette vente aura lieu sans autorisation de justice et sans aucune formalité.

7. L'attribution des parts entre le Comptoir et l'industriel sera librement débattue, sans néanmoins que la part dans la perte puisse être moindre que la part dans le bénéfice.

8. Le bénéfice de la participation se composera de la portion du prix de commande qui excèdera le prix de revient.

Le prix de revient ne comportera que les dépenses d'achat et de main-d'œuvre; il ne comprendra rien des frais généraux de l'industriel ni du Comptoir; et, pour prévenir toute difficulté, il sera toujours fixé d'avance, et à forfait, dans le contrat de participation, sur le vu de la commande

9. Le Comptoir fera assurer les matières premières et les produits contre les accidents du feu et de la navigation.

L'assurance sera contractée en son nom, en sa faveur et à ses frais. Néanmoins, en cas de sinistre, si l'indemnité dépasse le prix de revient et les frais d'assurance, l'excédant sera passé en bénéfice de participation.

III

Le Comptoir de crédit en participation pourrait généralement traiter, avec tout le monde, des affaires en compte d'intérêt, sauf à se prémunir des garanties accordées par les nouvelles lois sur le gage. Il se conduirait comme toutes les entreprises de ce genre, et, à ce point de vue, il ne mérite aucune attention.

En ce qui concerne les affaires en participation, le Comptoir rendrait de grands services au travail, et, à cet autre point de vue, il mérite un examen approfondi.

Aux industriels établis, qui manquent de fonds

pour étendre leurs relations, il fournirait des avances qui leur permettraient de remplir toutes les commandes qu'ils pourraient recueillir.

Aux chefs d'atelier, qui végètent dans le salariat faute de fonds et faute de relations, il procurerait des commandes et leur aiderait à les remplir en payant les achats et la main-d'œuvre.

Il rendrait les mêmes services aux associations d'ouvriers qui seraient constituées sur des bases positives et pratiques.

Pour avoir la clientèle de tous ces travailleurs, le Comptoir se contenterait assurément d'une faible fraction des bénéfices, et, par conséquent, l'industriel en aurait la grosse part.

Néanmoins, grâce à cette immense clientèle, le Comptoir, qui ne traiterait que sur des commandes rapidement exécutées, renouvellerait incessamment ses fonds, et, par ce renouvellement, ses fractions de bénéfices rapporteraient à ses actionnaires des profits considérables.

Et il n'y aurait pas à craindre que le Comptoir n'exigeât une part immodérée dans les bénéfices, car il serait retenu par la crainte de la perte à laquelle il doit participer dans la même proportion qu'au bénéfice.

A la vérité, l'industriel supporte toute la responsabilité de ses œuvres, mais le Comptoir ne s'immisce en rien dans son travail, et respecte parfaitement son indépendance.

Le Comptoir se charge de prendre des renseignements sur les commettants : ce qui ne dispense pas l'industriel de se renseigner lui-même. Les affaires seraient donc faites avec la sécurité d'une double surveillance.

Enfin, il est un grand avantage qui recommande les combinaisons du Comptoir : c'est que le Comptoir et l'industriel seraient entièrement irresponsables l'un de l'autre vis-à-vis des tiers, et, que sur les choses qui seraient la matière de la participation, ils auraient un droit de co-propriété bien supérieur à un droit de créance.

Cet avantage est le propre de l'association en participation, qui est une société occulte, mais néanmoins une société véritable. Chaque participant traite en son nom particulier avec les tiers, et reste leur seul débiteur. Cela peut être un inconvénient pour ces derniers ; mais cet inconvénient n'aurait pas lieu dans les affaires du Comptoir, puisque le Comptoir se charge de payer l'achat et la main-d'œuvre.

Quant au droit de co-propriété, il est incontestable, et le Comptoir y trouverait une sûreté qui le dispenserait d'exiger d'autres garanties, sans l'empêcher de les prendre.

Mᵉ BONIFACE

Le visage de Mᵉ Boniface est d'une expression commune qui dénote un esprit facile, mais sans génie, une âme vulgaire et sans élévation. En vertu de la loi des sympathies, Mᵉ Boniface est le bienvenu parmi les gens qui lui ressemblent; son air leur plaît; son parler coulant les ravit; ses manières joviales lui conservent sa popularité; il réussit même auprès des esprits distingués, jusqu'au jour où quelque banalité révèle sa nature inférieure.

Il débuta dans une joyeuse ville où l'on passe gaiement la vie à célébrer le tabac, la bière blanche, les faciles amours; et dans ce milieu de fumée onduleuse, de mousse écumeuse et de roses mousseuses, il se trouvait mieux que la carpe ne peut l'être dans l'eau. — Pardon pour la comparaison ! Elle est d'un goût très-douteux, mais elle est juste. Car, au dire des pisciculteurs, la carpe se délecte à savourer l'eau claire, lentement, sans bouger de place ; sauf à s'enfuir comme l'éclair quand se trouble son eau : hors de ce cas, elle ne tracasse pas son imagination.

De même, Me Boniface plaida ses causes sans trop les étudier, se fit franc-maçon pour banqueter, harangua sa loge sans croire un mot de ses oraisons humanitaires, professa la politique rouge de l'endroit, en amateur, rien que pour se faire des clients; et quand le *deux décembre* vint secouer son train de plaisir, il fit un saut de carpe par-dessus le Jura.

Me Boniface en fut quitte pour la peur; mais il n'osa point revoir les témoins de sa terreur panique. Il vint se réfugier au barreau de la capitale, où, grâce à l'artifice d'une adroite tactique, il a su remporter le plus brillant succès.

D'abord, il s'orienta. — Dans la grande ville, l y avait démagogues, Vincent de Paul et franc-maçons. — La bise soufflait encore contre les anciens frères : il prit le dessus du vent. — Les Vincent de Paul étaient nombreux et influents, mais la milice catholique abondait en avocats. — Il aborda au port de la franc-maçonnerie.

Or, dans la petite ville, il avait conquis les grades les plus élevés de l'ordre maçonnique, et dans la grande ville, il fut admis avec les honneurs dus à ses degrés. — Une fois reconnu et installé, il se garda bien d'imiter les tièdes initiés qui négligent les travaux; il fut assidu aux tenues de sa loge, s'y fit remarquer par la facilité de sa faconde, se distingua par ses topiques philanthropiques, cajola, séduisit, ensorcela les bons franc-maçons, à l'instar du faux amoureux qui suborne une fille candide par des paroles fallacieuses. — Car, sachez-le bien, dans son cœur égoïste, Me Boniface se moque de la maçonnerie à tous les degrés; il s'en veut servir d'instrument pour réussir, de trompette pour appeler la renommée, de réclame pour son cabinet d'avocat. — Il n'a même qu'une idée confuse des grands principes maçonniques, et s'il a l'honneur de porter la parole devant une assemblée d'élite, il lui échappe des paroles profanes qui provoquent la surprise et le murmure.

Mais il s'en moque. — Il a déjà réussi : les franc-maçons l'ont mis en vogue et son cabinet est achalandé.

Achalandé est bien le mot, car Me Boniface est marchand de plaidoyers, comme l'on est marchand de drogues. Ce qui n'est pas bon pour le client est toujours bon pour l'avocat : telle fut et telle est encore sa règle de conduite.

Dans le principe, il plaida toutes les causes, bonnes et mauvaises, les premières venues; il diffama doucettement, dans la crainte de s'aliéner un plaideur qui pourrait devenir son client. A présent, il n'est pas plus difficile pour le choix des causes, il plaide tout, mais il y met une différence : c'est qu'après avoir humblement accepté les prix du client, il fixe aujourd'hui les siens et les exige avec rigueur. — Autrefois, bon garçon avec tout le monde, clients franc-maçons et clients profanes, il ne l'est aujourd'hui qu'avec les bons payeurs. — Oh ! pour ceux-là, il plaiderait contre le bon Dieu, il diffamerait le Grand Architecte de l'univers.

Du reste, il gagne des procès, il en gagne souvent, non pas grâce à ses connaissances en droit ; il en sait si peu qu'il n'ose pas discuter les auteurs et se voit forcé de s'en tenir aux arrêts. — Mais il ne manque pas de bon sens pratique; il sait couper court dans ses plaidoiries pour se concilier la bienveillance des juges et sait encore présenter les côtés vraisemblables de la cause, pour obtenir leur assentiment : voilà tout son mérite. C'est ainsi que, sans aucune chaleur de cœur, sans aucune vivacité d'imagination, sans aucune science, rien qu'avec un talent médiocre, une judiciaire ordinaire, des airs de bon garçon, la réclame de ses cousins franc-maçons et malgré la vénalité de sa conscience, Me Boniface a usurpé une place marquante dans le rang des avocats distingués de France et de Navarre.

Mᵉ RENARD

Mᵉ Renard porte des lunettes — parce qu'il a la vue basse, disent les bonnes gens — parce qu'il veut voir sans être vu, disent les médisants. — Ceux-là s'en tiennent aux apparences. — Ceux-ci ont de lui si bonne opinion qu'ils comparent ses besicles à l'éventail dont joue Rigolboche pour dissimuler sa pudeur quand elle en a; et pour justifier cette messéante analogie, ils osent soutenir que Mᵉ Renard a froissé sa robe plus souvent que ne l'a fait Rigolboche. — Car, enfin, s'écrient-ils avec une chaleur suspecte, s'il arrive à Rigolboche de prendre à ses camarades leurs galants, c'est par hasard et sans coquetterie; les galants se sont offerts d'eux-mêmes à la fille folle : tandis que Me Renard a pris à ses confrères leurs clients, par perfidie, par trahison.

Nous ne pouvons accueillir sans réserve l'opinion de ces méchants diseurs. — Du reste, nous allons raconter les faits et gestes de Me Renard : les gens délicats prononceront.

Mr Renard était avocat de commerce dans une petite ville, où il plaida la facture, le billet à ordre et la lettre de voiture jusqu'au jour où le chemin de fer supprima le roulage et la gondole à vapeur. Forcé de déguerpir, il s'en vint demander asile à la grande ville voisine, emportant le bagage du philosophe, sa robe chiffonnée, sa toque fanée et son Code annoté. — Or, dans cette ville de premier ordre, siége d'un tribunal consulaire, d'un tribunal civil et d'une cour impériale, il est promptement devenu l'avocat le plus affairé, le plus ACCLIENTÉ. Cette réussite enviée, l'a-t-il obtenue par une grande science, par une grande éloquence, par une grande audace de diffamateur? . . . . Eh! mon Dieu, tout est petit dans

Me Renard : sa courte science ne peut se passer d'un répertoire alphabétique ; son éloquence alanguie ne dépasse jamais le demi-ton ; son insulte venimeuse bave sans mordre ni siffler ; sa personne basse n'est ni belle ni imposante. — Mais il possède un talent qui remplace tout ce qui lui manque : le talent du savoir-faire.

Ainsi, quand il arriva dans la grande ville, Me Renard se mit à observer la position, le tempérament, le caractère et le faible de tous les hommes d'affaires et, sans perdre de temps, il fraya avec les avoués garçons, se faufila dans la société des avoués à grosses études, se fit simple, modeste, empressé auprès des avocats du commun, soumis, respectueux pour les avocats de renom. Il sut flatter tout son monde, plaire aux uns par ses allures de bon vivant, et séduire les autres par son humble déférence. Les avoués garçons fêtèrent l'agréable convive de leurs joyeux dîners et lui donnèrent, d'office, des causes à plaider. Les avoués à grosses études, doucement émus de ses flatteries insinuantes, se persuadèrent qu'il était un excellent avocat et le recommandèrent à leurs clients. Les avocats du commun ne virent pas la moindre supériorité dans ce compétiteur et le supportèrent sans la moindre jalousie. — A la vérité, Me Renard savait donner aux moyens de mauvaise foi un accent si papelard qu'il semblait gagner ses causes sans effort, par la seule puissance de la la vérité, à ce point que ses confrères, fascinés, disaient charitablement qu'il avait gagné parce qu'il n'avait pu perdre.

Jusqu'ici, Me Renard est innocent comme l'enfant qui vient de naître : cela est évident. Il a été rusé, retors, venimeux, défenseur de la fraude, c'est vrai : mais l'enfant lui-même n'est-il pas entaché du péché originel? Nous n'avons donc qu'à rechercher s'il s'est réellement rendu coupable du crime capital dont on l'accuse, du crime d'avoir mangé l'herbe sous les pieds de ses grands confrères. — Voici ce qui s'est passé.

Dans ce temps-là, les magistrats, stimulés par la célérité de l'express et du télégraphe, exigeaient que fussent plaidées et jugées en une heure, des causes que les avocats ne pouvaient étudier en huit jours. — La justice se rendait en grande vitesse, à toutes les chambres de première instance et d'appel. — Les avocats en renom, forcés de plaider le même jour, à la même heure, devant le tribunal et devant la Cour, étaient harassés, exténués, en tombaient malades. Me Renard les alla visiter, leur fit sa révérence la mieux tournée, et leur dit de sa voix la plus caressante : « Les affaires vous accablent, vous n'y pouvez suffire ; les magistrats ne vous accordent ni renvoi, ni repos, ils manquent aux égards qui vous sont dus ; votre santé précieuse est menacée par trop de fatigues. — Si vous jugiez à propos de me confier quelques-unes de vos causes les plus petites, j'étudierais vos notes avec soin, je m'y conformerais avec scrupule ; par leur secours, je gagnerais ces petits procès et j'aurais le bonheur de vous soulager de vos grands travaux. » — Me Renard parut si bon homme que tous lui firent la gracieuseté de quelques dossiers, comme s'il avait été leur secrétaire ou leur vieil ami. — Il plaida, gagna, reçut les visites des clients et fut avec eux souriant, coquet et charmant. — Bref, quand ces clients d'emprunt eurent d'autres procès, ils vinrent trouver Me Renard, et la clientèle de Me Renard fut faite.

Or, dans cette adroite conduite, nous voyons du savoir-faire et rien de plus. — N'est pas rusé qui veut, et les accusateurs de Me Renard ne sont peut-être que des envieux. — « Mais il a amorcé des poissons qui n'étaient pas dans ses eaux; il a dérobé les clients d'autrui. » — Prouvez, Messieurs, prouvez!... Si Me Renard a été prévenant, gentil, aimable, la politesse l'y obligeait, et vous auriez mauvaise grâce à prétendre qu'il devait être maussade et rechigné. — « Mais s'il n'avait eu duperie en tête, il n'eût pas gardé ses clients d'emprunt, il les eût renvoyés à leur premier avocat. » — Qui sait, Messieurs, si Me Renard ne les pas renvoyés à leurs avocats et si ces infidèles n'ont pas refusé d'y retourner! — Oh!

si PAR PAROLES, il les eût sollicités de quitter leurs avocats pour venir à lui, le procédé serait quelque peu léger. — Mais Me Renard ne leur a pas dit un mot, un seul mot de cette couleur. — Ne suspectez donc pas ses intentions, n'incriminez pas ses tendances et n'oubliez pas que le dol ne se présume pas. — Me Renard, il est vrai, professait naguère à la fin d'un bon dîner, entre le punch et la bière, que faire sa fortune était son unique affaire; mais ce propos est récent et ne doit pas avoir d'effet rétroactif. Enfin, Messieurs, l'habileté qui sait concilier le devoir avec l'intérêt est assurément plus digne d'éloge que l'autre, nous en convenons; mais elle est si difficile!... et l'autre si commode. Ignorez-vous que le succès justifie les voies et moyens; que l'honneur de Me Renard est sauf, puisque Me Renard a réussi? — Apprenez, Messieurs, que le mal ne consiste pas à être pendable, mais à être pendu!

Me SAINT-YON

Ce docte maître est né coiffé, n'en doutez pas, car il ne sait rien et passe pour tout savoir. D'où lui vient cette renommée? Tout uniment de certaine loquacité que la nature donne à l'esprit délié des dames et à la langue effilée des hommes sans cervelle : vacuité déguisée chez Me St-Yon ar la calvitie de sa tête pelée qui le fait passer pour *un crâne savant* (style de client).

Si l'on n'avait de nombreux exemples de l'inuence qu'exercent les babillards sur le vulgaire, 'on ne se rendrait pas compte de l'autorité que 'on accorde à Me St-Yon, jusque dans les cas de flagrante ignorance. Voici un exemple :

Un père avait intenté un procès à son fils. Sur l'assignation, le fils va consulter Me St-Yon et lui déclare qu'il est prêt à se soumettre à la demande, si elle est fondée. — Me St-Yon regarde solennellement son client et lui dénonce *ex cathedrâ* que la demande n'est pas soutenable. — Le client s'en rapporte. L'affaire va devant le tribunal : elle s'instruit contradictoirement par les deux avoués ; elle s'épice grassement pendant un long mois. — Enfin, elle est appelée par l'huissier de service. — Les deux avocats sont en présence, flanqués chacun de leur client. — L'avocat du père se lève et soutient sa cause en droit et en jurisprudence ; il cite des auteurs et des arrêts. — Me St-Yon, peu familier avec le droit pur, est resté calme et serein pendant que son adversaire a développé l'opinion des auteurs. Mais en entendant lire des arrêts, il a perdu son assurance, et en voyant la physionomie du président, il a compris que la cause insoutenable était la sienne. Il se tourne vivement vers son client, lui reproche le procès et, son tour de parler venu, il reconnaît d'emblée que sa cause ne vaut rien et se rabat sur de plates injures qu'il décoche à l'adversaire. — Vit-on jamais pareil trait de crasse ignorance ?... Et cependant le fils paya des honoraires à Me St-Yon et lui resta fidèle.

Ce qui est plus merveilleux encore, c'est la fatuité de Me St-Yon qui croit avoir la science infuse. Il s'enfle de suffisance, s'estime le pair des meilleurs maîtres et se plaint de ce que les grands avocats de Paris viennent en province plaider les grandes affaires. — Un jour, Me St-Yon avait perdu en première instance un procès d'importance dont il n'avait pas saisi la difficulté. — Son client voulut avoir l'avis d'une sommité du barreau de Paris avant de se pourvoir en appel. Une consultation favorable, parfaitement motivée, fut délivrée et l'appel fut émis. — Mais quand le client remit la consultation à Me St-Yon, ce beau coiffé la lut à peine, prétendit qu'elle était banale et, devant la Cour, il plaida sans en daigner parler. — Il perdit encore son procès ; mais il sut faire accroire à son lient que l'avocat de Paris n'y avait rien compris.

Oui, vraiment, M^{e} St-Yon est adroit à endoctriner les clients de son verbiage et, s'il ne leur donne jamais des consultations écrites, il faut qu'il ait pour cela quelque raison secrète. Cette raison ne peut être la crainte de livrer des balourdises à la malignité, puisqu'il est ignorant jusqu'à l'infime degré d'ignorer son ignorance. Il ne redoute nullement le défiant proverbe: « *Verba volant, scripta manent.* Les conversations s'envolent, les consultations restent. » Il croit lui-même à sès sentences comme à des maximes de l'Évangile. Mais il aurait besoin d'un évangéliste, et c'est là le secret de sa répugnance pour les consultations; c'est à cet endroit qu'il se sentirait blessé s'il s'aventurait à donner des consultations ou à composer des mémoires, et, par instinct, il ne s'aventure pas.

Me LANSMIC

« *Vir improbus, maledicendi peritus.* Malhonnête homme qui diffame comme la boue salit : Voilà l'exacte définition du caractère moral de cet avocat, caractère que trahit la moustache fauve qui couvre sa lèvre mince et la teinte rousse de sa figure pleine. — Ces signes le font ressembler à certain *Lansmic*, maquignon de Carouge, d'un renom proverbial. — Peut-être, avocat et maquignon sont-ils du même sang !... Mon Dieu ! il n'y a pas de sotte naissance, il n'y a que de sottes gens. Aussi le maquignon accepte-t-il volontiers l'avocat pour consanguin. — Du reste, sur un seul point ils diffèrent : l'un est plus habile que l'autre. Pour vendre un cheval fourbu, le maquignon sait pallier les défauts de sa bête, et lui prêter des mérites qu'elle n'a pas ; tandis que pour plaider un procès véreux, l'avocat Lansmic diffame la partie adverse, faute de savoir justifier sa cause. — Mais ils se ressemblent de tous autres points, et surtout d'honneur et d'humeur.

En honneur, tous deux se permettent sans scrupule, l'un de voler son acheteur, et l'autre de tromper sciemment ses juges : touchante conformité de sentiments !

En humeur, le maquignon Lansmic n'est pas un fier homme ; il a du sang blanc dans les veines, et si on l'attaque, il actionne en justice et ne connaît d'autre réparation que l'amende et les dommages-intérêts. — De même, l'avocat Lansmic a le cœur gelé ; il n'ose demander raison des attaques que provoquent ses insultes ; il se retranche derrière la dignité de sa toque et le courage civil de sa robe. L'on cite de lui des défaillances qui font pitié.

Ainsi, Me Lansmic plaidait contre un habitué de son cercle, qu'il devait tenir pour un galant homme, puisque nul n'est admis dans un cercle s'il n'a été reconnu pour tel par tous les membres, sans aucune opposition. — Néanmoins, Me Lansmic le maltraita dans son honneur... et bien plus... le soir, au cercle, il vint saluer avec déférence l'homme que, le matin, il avait tenté de déshonorer... C'est de la sorte qu'il comprend la dignité de sa toque.

Ainsi encore, un plaideur qu'il avait diffamé, l'accusa de mensonge et lui demanda la preuve ou la rétractation de ses offenses. Me Lansmic refusa l'une et l'autre; mais il chercha à susciter des mécontents et à les soulever contre son accusateur... C'est de la sorte qu'il comprend le courage civil de sa robe.

Assez de portraits. Ménageons la délicatesse de nos sensibles lectrices et le tact de nos honnêtes lecteurs... et remplissons notre dernière tâche, en prouvant que l'honneur des honnêtes gens ne peut être laissé à la merci des avocats indignes.

IX

NÉCESSITÉ DE RESTAURER L'ARTICLE 37

Qu'est-ce que la liberté?

Avant tout, il importe de mettre sur le boisseau la lumière des vrais principes de liberté.

L'on distingue la liberté morale et la liberté matérielle.

La liberté morale est toute intérieure : c'est la science du bien et du mal, la faculté de se déterminer pour le bien et de réprouver le mal, le courage de faire l'un, de combattre l'autre et de résister à la contrainte et à la séduction ; c'est la droite raison de l'homme éclairé, juste et vertueux ; c'est la grandeur d'âme du héros. Une telle liberté ne peut être ravie ; elle est souveraine dans les fers ; elle est *incessible et insaisissable,* et il ne peut être question de la contester aux avocats... qui la possèdent.

La liberté matérielle est toute extérieure : c'est la puissance d'agir ou de ne pas faire, de parler ou de se taire, d'user ou de s'abstenir. — Cette pauvre liberté est sujette à bien des vicissitudes, pour la cause très-naturelle que ceux-là seuls peuvent l'exercer pleinement qui possèdent la liberté morale... et ils sont si rares, même dans l'ordre des avocats !... — Les autres hommes, faute de science ou de force, ont généralement besoin d'être instruits ou protégés : ce qui prouve que la liberté matérielle ne peut être complète dans l'état de société.

Voyez plutôt :

Sous la domination autocratique, c'est la liberté du riche qui comprime.

Sous l'agitation démagogique, c'est la liberté du pauvre qui menace.

Et sous le régime démocratique, l'on ne sait à quel saint vouer la liberté du citoyen.

Autrefois, il y a 1800 ans, des démocrates trop *avancés* enseignèrent que la liberté c'est l'esprit du Christ, l'esprit de dévouement et de sacrifice. — Mais cette liberté n'est qu'un mythe; elle n'a jamais existé; car les théologues catholiques professent que les malheureux sont prédestinés à l'être, et par là même ils dispensent les heureux de se dévouer; les schismatiques ne sont pas sortis du giron pour si peu; et les hérétiques décident que charité bien ordonnée commence par soi-même.

Les avocats, à la vérité, prétendent que leur ordre a conservé toute la pureté des mœurs évangéliques, et, dans les occasions d'apparat, devant le public, on les entend porter aux nues le désintéressement de leur profession. Mais, quand cela se dit, les avocats, de même que les aruspices, ne se peuvent regarder sans rire: c'est une affaire de gloriole et de vanterie, et, en réalité, ils ne valent pas mieux que tout le monde; ils se font payer le plus cher qu'ils peuvent et ne se dévouent jamais gratis.

Si donc, la liberté du citoyen a un patron dans le paradis, ce patron est un saint fainéant qui la laisse exposée à toutes les embûches de l'esprit rebelle. — Comment expliquer autrement l'étrange aventure qui arrive de nos jours à la pauvre délaissée? — Il semble incontestable que les hommes qui veulent profiter des avantages de la vie de société, doivent se soumettre à en supporter les désavantages, tout comme un associé qui participe aux bénéfices d'un commerce doit contribuer également à ses pertes. En d'autres termes, la liberté du citoyen se règle par la réciprocité et ne donne aucun droit qui ne soit pondéré par un devoir : cela paraît évident à toute intelligence qu'illumine la lumière du vrai, du bon et du juste. Cependant, les partisans les plus ardents de la liberté veulent qu'elle soit absolue et que ses excès ne se puissent corriger que par ses excès. Ils ne se contentent pas de nier l'autorité usurpatrice qui désobéit à l'opinion publique et de revendiquer pour le citoyen le droit qu'avait le républicain israélite de faire ce qui lui paraissait juste : « *Unusquis-* » *que, quod sibi rectum videbatur, hoc faciebat.* » Ils osent prétendre encore que chacun soit maître de faire ce qui lui plaît, sans autre limite que le caprice populaire. — Quels sont donc ces hommes libres par excellence, dont les discours troublent les foules ignorantes, les poussent à des entreprises insensées et suscitent des agitations qui mettent la liberté en péril? Quels sont ces publicistes, ces économistes, qui professent en politique les mêmes principes que pratiquent les moralistes de prison, nos anciens camarades? Assurément, c'est un signe que Satan s'en mêle et que Dieu lui permet d'éprouver la liberté, comme jadis il lui permit d'éprouver le bonhomme Job.

Liberté des Avocats

Quoi qu'il en soit, deux partis se disputent la direction de la liberté, et nous avons le regret d'annoncer que les avocats, sans excepter les plus honnêtes, se rangent sous la noire bannière de la liberté absolue. — Il est vrai qu'ils font acception de personnes en leur propre faveur. Ils entendent former une caste privilégiée et se croient seuls dignes de cette liberté absolue qu'ils appellent l'indépendance de leur ordre. — Mais le nom ne change rien à la chose, et l'indépendance de l'avocat ne peut s'affranchir du devoir ni plus ni moins que la liberté du citoyen. C'est ce que nous allons démontrer.

D'abord, remplissons nous-même un devoir, celui de rendre hommage à la science et à la délicatesse qui distinguent bon nombre d'avocats de notre connaissance. Nous nous plaisons à les reconnaître dignes d'exercer la plus entière indépendance. — Seulement, ils en doivent l'honneur aux qualités de leur personne et nullement à leur titre d'avocat. Ils sont des hommes qui jouissent de la liberté morale et qui règlent eux-mêmes leur indépendance sur les principes de leur vertu. Leur blanche hermine ne serait-elle pas sans tache, s'ils ne réclamaient pour leur ordre un privilége dont Me Lansmic et vilaine compagnie ne peuvent qu'abuser ?

Mais les avocats les plus recommandables, ceux-là même qui composent les conseils de discipline, n'admettent aucun correctif à l'indépendance de l'insolent Me Lansmic, de l'ignorant Me Saint-Yon, de l'intrigant Me Boniface, de l'adroit Me Renard. — Par une contradiction singulière, ils protégent, ils défendent les excès de leurs confrères indignes, avec une chaleur qui fait contraste avec la modération qu'ils apportent eux-mêmes dans l'usage de leur propre indépendance. L'esprit de corps les rend complices des abus qu'ils réprouvent dans le for intérieur de leur conscience.

Plainte d'un Plaideur contre un Avocat

Ceci n'est point une assertion qui nous échappe: c'est un fait avéré. Nous avons sous les yeux la plainte que certain plaideur, de nos bons amis, a déposée contre l'avocat de sa partie adverse. Nous n'aimons pas cet avocat parce qu'il est l'ennemi de notre ami. — Nous tairons ce que de lui nous pensons, pour ne pas nous exposer à des vivacités dont nous aurions du regret. — Nous tairons même son nom pour ne pas manquer à la discrétion qui est la loi de la bonne compagnie.

Et à propos de convenances, nous ajouterons qu'ils sont supposés tous les noms d'avoués et d'avocats que nous avons donnés aux modèles de nos photographies.

Or, la plainte du plaideur D... est conçue en termes très-dignes. — Le plaignant y rehausse « l'indépendance des avocats, qui est par dessus tout digne d'admiration, parce qu'elle élève leur esprit au-dessus des dépits, des colères, des violences de leurs clients. Il y proclame hautement que l'avocat X... possède quelque talent, qu'il est considéré, recommandé, qu'il jouit de la confiance des magistrats, de la bienveillance du barreau, et qu'il doit cette considération générale à la facilité, à l'honnêteté, à la modération de sa parole. » A cet éloge flatteur, l'on voit tout de suite que l'avocat X... n'a pas posé pour nos photographies. — Cependant, « le plaignant accuse l'avocat X... d'avoir plaidé cinq allégations dont il savait la fausseté, — d'avoir tramé lui-même trois imputations calomnieuses, — d'avoir diffamé gratuitement, sans cause ni prétexte, — d'avoir sciemment usé d'artifice pour induire les juges en erreur, — d'avoir violé les règles de la morale qui interdisent de tromper sciemment, avec intention de nuire. » Il est impossible d'accuser un homme plus nettement d'avoir commis des actions mauvaises et méchantes, et il semble que le conseil de discipline devait être jaloux d'en disculper l'honnête avocat X... si la plainte n'était pas justifiée. — Erreur! Erreur! — Le conseil de discipline s'est réuni, et, sans appeler le plaignant à prouver ses griefs, sans appeler l'avocat X... à s'expliquer, il a décidé que la plainte n'était pas recevable et que même il n'y avait lieu de coucher la décision sur les registres de la compagnie : ce qui veut dire, en langue vulgaire, que les actions mauvaises et méchantes reprochées à Me X... sont permises à l'avocat. — Et quand le plaignant retira ses pièces justificatives, le spirituel secrétaire du conseil voulut bien lui expliquer que Me X... en le diffamant n'avait fait qu'exercer son *droit d'appréciation.*

Le plaideur D..., notre bon ami, est d'une race malfaisante *qui se défend quand on l'attaque* et qui ne se rend jamais. — Il a voulu se pourvoir contre la décision du conseil. — Mais, *auparavant*, il a consulté un ancien jurisconsulte, très-compétent sur la matière, et voici la consultation très-embarrassante qu'il en a obtenue.

Consultation d'un jurisconsulte de vieille roche

« D'après les anciennes traditions du barreau français, l'indépendance de l'avocat n'était que la liberté d'exercer une profession officieuse et volontaire. Elle s'entendait de la faculté qu'il a de refuser les causes et de ne rendre compte qu'à lui-même de son travail et de son loisir, à la différence du magistrat qui est l'esclave de ses fonctions et qui ne peut se procurer aucun repos qui ne soit fatal au public.

» Dans ce temps-là, l'on disait que les professions les plus élevées étaient les plus dépendantes et que, seul entre tous les états, l'ordre des avocats se maintenait toujours dans l'heureuse et paisible possession de son indépendance.—Libre, sans être inutile à sa patrie, il se consacrait au public sans en être esclave. Exempt de toute sorte de servitude, il arrivait à la plus grande élévation, sans perdre aucun des droits de sa première liberté. Le privilége attaché à l'indépendance de l'avocat, c'était le bonheur de ne point éprouver les peines et les dégoûts de la sujétion nécessaire à laquelle l'ordre de la société a réduit toutes les conditions.

» A cette époque, l'on enseignait que le pouvoir de faire le mal est une imperfection et non pas un caractère essentiel de notre liberté; que l'homme n'est jamais plus libre que lorsqu'il assujettit ses passions à la raison et sa raison à la justice. — La vertu était considérée comme le principe de l'indépendance de l'avocat, et l'on ne contestait pas que pour le rendre parfaitement libre, il fallait qu'elle le rendît parfaitement soumis aux lois de son devoir.

» Alors, dans les discours d'ouverture, au Parlement, les avocats-généraux adressaient avec autorité, aux avocats, ces recommandations docilement écoutées :

« *Ne vous flattez jamais du* MALHEUREUX HONNEUR D'AVOIR OBSCURCI LA VÉRITÉ ; *et, plus sensibles aux intérêts de la justice qu'au désir d'une vaine réputation, cherchez plutôt à faire paraître la bonté de votre cause que la grandeur de votre esprit.*

» *Que le zèle que vous apporterez à la défense de vos clients ne soit pas capable de vous rendre les* MINISTRES DE LEURS PASSIONS ET LES ORGANES DE LEUR MALIGNITÉ SECRÈTE.

» *Quel caractère peut être plus indigne de la gloire d'un ordre qui met tout son bonheur dans son indépendance, que celui d'un homme qui est toujours agité par des mouvements empruntés d'une passion étrangère, qui s'apaise et s'irrite au gré de sa partie, et dont l'éloquence est esclave d'une expression satirique qui le rend* TOUJOURS ODIEUX ET SOUVENT MÉPRISABLE ?

» *Refusez à vos parties, refusez-vous à vous-même le plaisir inhumain d'une déclamation injurieuse ; bien loin de vous servir des armes* DU MENSONGE ET DE LA CALOMNIE, *que votre délicatesse aille jusqu'à supprimer même les reproches véritables, lorsqu'ils ne font que blesser vos adversaires sans être utiles à vos parties.* »

» Telles étaient les obligations morales des avocats du vieux temps, obligations reconnues de tous, sans être écrites nulle part. — Elles n'étaient point écrites, parce que l'on avait pensé que les prescriptions des lois ne sont bonnes que pour contraindre l'homme rebelle à la raison et à la justice, et qu'elles sont inutiles pour engager l'homme vertueux à remplir ses devoirs.

» Cette opinion ne fut pas respectée par le premier Empire, qui entreprit de courber toutes choses sous la discipline. — Un décret du 14 décembre 1810 changea les devoirs des avocats en obligations légales, et l'article 17 leur donna même un caractère impératif. « *Les avocats*, y est-il ordonné, *exerceront librement leur ministère pour la défense de la justice et de la vérité; nous voulons en même temps qu'ils* S'ABSTIENNENT DE TOUTE SUPPOSITION DANS LES FAITS, *de toute surprise dans les citations et autres mauvaises voies, même de tous discours inutiles ou superflus. — Leur défendons de se livrer à des* INJURES ET PERSONNALITÉS OFFENSANTES *envers les parties ou leurs défenseurs, d'avancer* AUCUN FAIT GRAVE CONTRE L'HONNEUR ET LA RÉPUTATION *des parties, à moins que la nécessité de la cause ne l'exige et qu'ils n'en aient charge expresse et par écrit de leurs clients ou des avoués de leurs clients.* »

» Une sanction pénale complétait ces dispositions qui enjoignaient aux avocats d'être honnêtes.

» Cette injonction parut humiliante pour l'ordre des avocats : elle fut modifiée par une loi du 17 mai 1819 et abrogée par une ordonnance du 20 novembre 1822. L'avocat fut donc relevé de la loi commune qui oblige tout homme à réparer le dommage causé par sa malice. Cette exemption lui fut rendue dans l'intérêt de sa dignité et dans l'intérêt de la libre défense. Néanmoins, la loi précitée réserva aux juges saisis de la cause le pouvoir de réprimer les injures, les personnalités et les diffamations proférées par les avocats; et l'ordonnance, dans ses articles 44 et 45, déclara que la *délicatesse et le désintéressement doivent caractériser la profession des avocats*, et que *les usages observés dans le barreau relativement à leurs droits et à leurs devoirs dans l'exercice de leurs fonctions, sont maintenus.*

» Cette loi et cette ordonnance forment aujourd'hui la Charte du barreau, et c'est dans leurs principes qu'il nous faut rechercher la solution des questions qui nous sont proposées.

PREMIÈRE QUESTION

» L'avocat est-il libre de plaider des faits supposés dont il sait la fausseté, de diffamer sans nécessité, de controuver lui-même des assertions mensongères, et notamment de démentir en appel un fait qu'il a avancé en première instance?

DEUXIÈME QUESTION

» Quelle est l'autorité compétente pour le forcer à remplir ses devoirs ?

TROISIÈME QUESTION

» Les plaideurs peuvent-ils se pourvoir contre les décisions des conseils de discipline?

» Poser la première question, c'est la résoudre. Par la loi du 17 mai 1819, l'avocat a été affranchi de l'action judiciaire que la partie insultée ou diffamée pouvait exercer contre lui. De même, par l'ordonnance du 20 novembre 1822, il a été affranchi de toutes recherches en justice pour les mauvaises voies qu'il aurait employées dans l'exercice de son ministère; mais il n'a pas été plus dispensé dans le présent que dans le passé, de la délicatesse, du désintéressement, de la modération, de la vertu qui doivent être les guides de son indépendance. — Il semble, au contraire, que son affranchissement doit l'obliger plus étroitement à s'inspirer toujours de l'amour intrépide de la vérité, du zèle ardent pour la justice, de ces grands, de ces généreux sentiments qui élèvent l'âme et qui doivent faire admirer, dans l'avocat, l'homme de bien beaucoup plus que l'orateur.

» Qui, dans le barreau, oserait nous contretredire?...

» Serait-ce l'avocat ignorant qui déblatère faute de savoir défendre sa partie?

» Serait-ce l'avocat paresseux qui n'achève d'apprendre sa cause qu'en achevant de la plaider, et qui improvise des suppositions ou entremêle son discours d'invectives, pour exciter son cerveau à produire des pensées plus rapides?

» Serait-ce l'avocat malhonnête qui fait de sa profession et de son talent, vil métier et sordide marchandise?

» Mais, nous en sommes garants, les avocats malhonnêtes forment une minorité infime et méprisée, et, quoiqu'il ne soit que trop vrai qu'on ne sacrifie aujourd'hui qu'à l'intérêt, nous nous refusons à croire que la plus noble de toutes les professions, devienne la plus servile et la plus mercenaire, qu'elle se peuple de ces âmes vénales qui prostituent leur main et leur voix, vendent publiquement leur réputation et trafiquent honteusement de leur gloire.

» Sans doute, les avocats ignorants ou incapables doivent être nombreux, car à voir cette multitude prodigieuse de nouveaux sujets qui se hâtent, tous les ans, d'entrer dans le barreau, on dirait qu'il n'y a point de profession dans laquelle il soit plus facile d'exceller. Aussi, le barreau devient-il la profession de ceux qui n'en ont point, et l'éloquence, qui aurait dû choisir des sujets dignes d'elle dans les autres conditions, est-elle obligée, au contraire, de se charger de ceux qu'elles ont dédaigné de recevoir. — Il est donc très-grand le nombre des orateurs qu'il semble que la nature avait condamnés à un perpétuel silence; mais la qualité de leur opinion, s'ils en ont une, nous dispense de l'examiner.

» Ce seraient donc les avocats paresseux qui auraient tenté d'introduire une si détestable nouveauté, et cela ne nous étonnerait nullement. — Parmi ces avocats, le travail, regardé comme le partage de ceux qui n'ont pas d'esprit, est dédaigné par tous ceux qui croient en avoir. Quoi de plus naturel que leur science superficielle et incertaine soit aussi hardie que mal assurée! Quoi de plus simple que leur demi-science ait découvert le droit d'appréciation *illimitée!* Quoi de plus logique que leur *demi-vertu* en ait fait un principe d'indépendance *déréglée!*

» Ce doit être encore la médiocre judiciaire de ces avocats d'esprit, qui, de ce qu'il est permis de changer en appel les moyens plaidés en première instance, a conclu qu'il est également permis de changer les faits. Vraiment, nous sommes affligés d'une frivolité qui aboutit à l'approbation du mensonge.

» C'est pourquoi nous ne pouvons admettre, sans preuve, que les membres d'un conseil de discipline aient adopté de pareils sentiments. Nous avons trop de respect pour des hommes honorés des suffrages de leurs pairs et haut placés dans l'estime publique, pour ne pas rejeter une supposition qui nous paraît calomnieuse. Ils sont eux-mêmes investis de l'autorité chargée de réprimer les fautes des avocats : comment croire qu'ils aient failli à leur mandat et renié leur propre autorité ?

» Passons, sans autre transition, à l'examen de la seconde des questions qui nous ont été soumises.

» Il est incontestable que la loi n'accorde aux plaideurs aucune action en justice contre l'avocat, quels que soient les excès qu'il commette dans ses fonctions, soit qu'il plaide, soit qu'il écrive, et la censure réservée aux juges n'est même qu'une mesure nécessaire à la police des audiences. Les tiers, seuls, peuvent dans certains cas, exercer contre l'avocat une action civile. — Cette immunité de l'avocat est exigée par la liberté de la défense, qui serait comprimée par la crainte d'encourir une peine ou une indemnité; elle est commandée par la dignité de la profession.

» Mais quand, sciemment et méchamment,

l'avocat attaque à faux le bien légitime ou l'honneur sans tache de la partie adverse, ne relève-t-il que du tribunal de sa propre conscience? — Nous n'hésitons pas à répondre négativement; car il est impossible que les clauses de l'ordonnance du 20 novembre 1822 qui maintiennent l'observation des devoirs de l'avocat, soient des lettres mortes, dépourvues de sanction, ainsi que seraient forcés de l'admettre les partisans de la liberté absolue. — En effet, l'article 15 de la même ordonnance dispose que les *conseils de discipline répriment d'office, ou sur les plaintes qui leur sont adressées, les infractions et les fautes commises par les avocats inscrits au tableau;* l'article 18 arrête les peines de discipline auxquelles les avocats inculpés pourront être condamnés, et l'article 24 confère *aux procureurs généraux le droit d'appeler des décisions rendues par le conseil de discipline dans les cas prévus par l'article* 15. Il y a donc une autorité régulièrement constituée pour réprimer les fautes des avocats, et cette autorité c'est le conseil de discipline en premier essort et la cour d'appel en dernier ressort. La héorie contraire est de pure imagination; elle ne repose que sur une fantaisie vaine et chimérique.

» Ici s'élève la troisième question que nous avons à résoudre, celle de savoir si les plaideurs peuvent se pourvoir contre les décisions des conseils de discipline : elle est aussi facile que les précédentes.

» Il est certain que si les avocats ont été exemptés de réparer leurs fautes, en argent, ils sont néanmoins passibles d'une réparation disciplinaire; et il n'est pas douteux que les plaideurs aient le droit d'adresser leur plainte contre les avocats qui les ont méchamment lésés dans leur bien et dans leur honneur; mais il est également indubitable qu'ils n'ont pas le droit d'appeler de la décision du conseil de discipline saisi de la plainte. — Ce droit est déféré aux procureurs généraux d'une manière expresse, et d'ailleurs, il ne peut appartenir à un simple particulier de poursuivre une condamnation pénale. — Ce principe ne souffre pas de discussion.

» Ainsi, nous sommes d'avis que les plaideurs n'ont pas qualité pour demander la réformation des décisions des conseils de dicipline, et nous ajoutons avec une pleine assurance qu'ils n'ont pas même le droit de suivre leur plainte et de réquérir que les conseils y statuent.

» Dans l'espèce, le conseil de discipline du barreau de... a décidé qu'il n'y a lieu de statuer sur la plainte du sieur D... contre Me X..., quoique cette plainte impliquât l'inculpation caractérisée d'avoir manqué aux devoirs de la profession d'avocat. — Cette décision est restée verbale.

» Faisant l'application des motifs par nous délibérés :

EN FAIT

» Nous disons que la décision du conseil de discipline du barreau de... ne nous étant pas représentée sous la forme d'un texte précis et constant, notre devoir est de nous abstenir d'en émettre une critique qui pourrait être imaginaire.

» Nous affirmons que l'honneur est le principe de la véritable indépendance de l'avocat, et que nul avocat, pénétré de la dignité de sa profession, n'en décline les devoirs.

EN PRINCIPE

» Nous attestons qu'il est au-dessus de toute iscussion que l'avocat est tenu aux devoirs de 'homme d'honneur ; qu'il n'a point la liberté de laider des faits supposés dont il sait la fausseté, i de diffamer sans nécessité ; qu'il est déloyal e controuver des faits, notamment d'avancer ın fait en première instance et de le démentir en ppel, et que cela ne rentre pas dans la faculté e changer, devant les seconds juges, les moyens ue l'on a fait valoir devant les premiers.

» Enfin, nous déclarons avec certitude que les

plaideurs ont le droit d'adresser aux conseils de discipline leurs plaintes contre les avocats, mais *qu'ils ne peuvent en poursuivre l'instance ni se pourvoir contre les décisions des conseils.* »

Résumé de la consultation

Cette consultation se résume en deux lignes :

L'avocat est tenu d'être honnête homme, mais il n'y peut être contraint que par ses pairs.

Voyez l'embarras du sieur D...! Il a porté plainte, il en a eu le droit; mais le conseil déclare la plainte non recevable, refuse d'y donner suite, refuse même d'enregistrer sa décision verbale... et lui n'y peut rien. Il a même été prévenu, nous a-t-il raconté, de prendre garde à Me X... Mon Dieu! notre ami est sans peur comme sans reproche : il saura bien le faire voir à qui l'attaquera, *s'il se défend lui-même*. Laissons-le donc à sa querelle particulière pour en tirer la conclusion qui se rapporte à notre sujet.

Cette conclusion, la voici :

Un homme d'une humeur pacifique, bon, honnête, mais sans défense, est appelé en justice. Me Lansmic plaide contre lui. Ce Démosthène de l'insolence s'attaque à sa personne, le montre de la main, le met en scène, travestit ses actions, l'accable d'injures, le traite de fripon, le traîne dans le ruisseau. Le bonhomme rougit, se trouble, perd contenance; son avocat, respectant le droit d'appréciation de son estimable confrère, n'oppose que de faibles dénégations à ces infamies. Le public, témoin de la vive attaque, de la faible défense, de l'embarras du pauvre insulté, croit à la parole de l'insulteur, et l'honnête homme sort de l'audience, sali, diffamé, déshonoré. Peut-être même, influencés par l'audace de Me Lansmic, les juges lui feront-ils perdre son procès. — Hélas ! il préfèrerait bien avoir perdu son bien sans plaider ; et désormais la crainte de la diffamation lui fera préférer les plus mauvais accommodements au meilleur des procès... — Voilà donc un citoyen inoffensif, forcé de renoncer à la protection de la justice. Cette déplorable conséquence n'est-elle pas une preuve qu'il faut replacer le cadenas que l'article 37 avait mis à la... bouche de l'avocat aboyeur.

Les esprits portés à la contradiction penseront peut-être que si les citoyens paisibles et honnêtes désertent le temple de la justice, il n'y aura pas grand mal dans ce malheur. — Si les honnêtes gens cessent de plaider, diront-ils, les juges pourront désormais condamner à tort et à travers, sans manquer à leur conscience :

« Car toi, loup, tu te plains, quoiqu'on ne t'ait rien pris ;
» Et toi, renard, a pris ce que l'on te demande. »

Mais à ce commode arrangement il y a un empêchement radical : c'est que rien ne ressemble à un honnête homme comme un fripon, et que les juges ne sauraient pas plus qu'avant, à qui ils ont affaire.

Raisonnons donc la question sévèrement ainsi qu'il convient.

Pour conserver sa réputation et sa tranquillité, le citoyen honnête, mais inoffensif, est réduit à fuir la justice : cela est certain; et, en vérité, nous connaissons beaucoup de gens, fort honorables, qui redoutent le prétoire comme un lieu de mauvaise compagnie. N'est-ce pas un premier signe de l'urgence qu'il y a de réformer les abus du barreau?

De plus, l'on peut être bon citoyen sans être souffre-douleur. Qu'arrivera-t-il si un citoyen, qui ne veut pas endurer l'insulte, n'obtient pas *régulièrement* satisfaction du personnage, noirci dans l'encre, qui l'a sali? — Ce cas s'est présenté souventes fois. La joue, les oreilles des libre-parleurs en savent quelque chose : il est vrai qu'elles n'en rougissent pas; elles supportent l'affront physique avec un *stoïcisme* égal à l'effronterie de l'insolence qui l'a provoqué. C'est une résignation à désarmer le plus farouche ennemi. — Aussi, réprouvons-nous ce fait brutal, qui, du reste, se cache presque toujours dans un guet-apens; une vengeance sourde répugne à tout cœur généreux : l'insulte a été publique, il faut que la réparation soit publique. C'est pour la même raison que le galant homme, soigneux de son honneur, ne se pourra contenter d'une satisfaction, à huis clos, que toujours offrira le bouillant avocat à qui l'on montre les dents. Eh oui ! le fier insulteur qui nous aura formellement accusé d'avoir commis un acte de chantage, qui aura glapi dans un mouvement oratoire dont notre improbité a été le prétexte, s'empressera de répondre à l'objurgation de notre juste colère, qu'il n'a pas eu l'intention de porter atteinte à notre honneur. — Que lui importe ! — le coup est porté; il sera bien payé : se dédire ne coûte rien, et c'est du courage civil. — Évidemment, l'insulté qui se contenterait de l'excuse serait dupe ou coupable.— Dans notre pays de France, l'honneur n'accepte point d'accommodement; il veut être reconnu hautement et loyalement, sans détours et sans ambages.

Ainsi, le guet-apens n'est point le fait d'un homme d'honneur; l'excuse banale ne lui suffit pas; c'est une rétractation solennelle qu'il lui faut ou un loyal combat.

Or, si l'avocat se rétractait, il perdrait son client : il ne se rétractera point. Et s'il se battait, il risquerait sa vie : il ne se battra point. L'on n'obtiendra de lui ni raison ni réparation, selon qu'il a été prédit par le proverbe antique : *Qui profert contumeliam, insipiens est... et ignavus. — Celui qui profère un outrage est un sot... et un.....* Le dernier mot ne se peut traduire poliment en français.

Que faire? — Appliquer la loi de Lynch au partisan de la liberté absolue? ameuter des garnements qui le honnissent et le huent?... Mais cette logique n'a pas cours dans un pays civilisé, et nos mœurs n'admettent pas cette justice irrégulière. — D'un autre côté, ces mœurs, quelque douces et indulgentes qu'elles soient, ne souffrent pas qu'une atteinte à l'honneur reste impunie... sous peine de déshonneur pour qui le permet. Que faire enfin pour satisfaire une juste fierté, si l'on ne restaure l'article 37?

Oh! rassurez-vous, maîtres St-Yon, Boniface, Renard et Lansmic? Nous ne voulons pas que les plaideurs attentent à votre bourse quand vous aurez attenté à leur honneur : ce serait trop gêner votre franc parler. C'est une peine disciplinaire que nous appelons sur vos offenses : cette satisfaction suffit, et nous consentons volontiers à ce que vous ne soyez pas restitués à la justice ordinaire, selon les clauses de l'article 37, pourvu que le recours consacré par cet article contre vos outrages mercenaires soit sincèrement et véritablement restauré. — Nous ne voulons pas la mort du pécheur, nous voulons sa conversion.

Ainsi, de l'article 37 nous invoquons seulement le principe qui a pour objet de faire cesser l'impunité des fautes, des abus, des excès dont peuvent se rendre coupables les avocats, et dans ces termes notre proposition est facile à justifier.

L'avocat peut tomber dans trois sortes de fautes : manquer aux règlements de sa profession; employer de mauvaises voies pour gagner sa cause; injurier ou diffamer la partie adverse, sans vérité et sans nécessité.

S'il a commis une infraction aux règlements du barreau, c'est une affaire d'intérieur : que le conseil de discipline fasse laver ce linge en famille; cela ne regarde pas le public.

S'il use de mauvaises voies, s'il intrigue dans les coulisses, s'il controuve des faits, s'il tronque des textes, s'il détourne des titres, et que cela trompe les juges, c'est un acte de friponnerie, et nous croyons inutile de prouver que la partie lésée doit être admise à poursuivre le coupable devant la justice ordinaire, en réparation du préjudice. — Ce droit existe dans la loi; il n'a pu être aboli ni par décret ni par ordonnance; et d'ailleurs, quel avocat oserait invoquer l'inviolabilité de la raude en sa personne?

S'il injurie ou diffame la partie adverse, sans cause ou sans nécessité, c'est une infraction du droit commun que nulle considération ne doit faire tolérer.

La loi a justement interdit l'injure et la diffamation aux simples particuliers et leur a même refusé la preuve de la vérité des faits diffamatoires. Des raisons d'ordre et de sécurité ont dicté cette interdiction absolue, sans laquelle la critique des faux amis, la médisance des dévots, l'envie des méchants, la haine des ennemis, créeraient dans la société mille tripots et mille coupe-gorge. Pourquoi faire exception pour l'avocat? Pourquoi lui laisser un privilége de vipère?..... L'avocat est-il plus vertueux que nous? — Est-il plus réservé? — « Et lorsque, craignant l'emportement des plaideurs, les tribunaux ont toléré que l'on appelât des tiers, ont-ils entendu que ces défenseurs modérés deviendraient impunément des insolents privilégiés? »

Et puis, qui sait combien de misérables, se servant d'un avocat comme d'un porte-voix, intentent des procès dans le seul but de faire insulter leurs adversaires?... Non, non, il ne doit pas être toléré que l'on puisse éluder, de la sorte, la loi qui, dans un intérêt d'ordre public, défend l'injure et la diffamation. Ce serait permettre une exception en faveur des lâches, assez riches pour... aller à Corinthe.

Or, il est constant que les juges de la cause, indécis entre les clameurs que profèrent les avocats contradicteurs, ne savent qui des deux rappeler à l'ordre et les laissent s'évertuer l'un et l'autre à qui fera le plus de scandale. — Il est constant que les conseils de discipline, pour des raisons inutiles à rechercher, ne répriment point un désordre qui « dégrade le noble institut de la défense. » Enfin, il faut reconnaître que l'article 37 est d'une rigueur incompatible avec la dignité des avocats honorables, qui sont assurément en grande majorité dans le barreau.

Concluons qu'il faut restaurer le principe de répression édicté par l'article 37, et, pour compléter notre tâche, nous n'avons plus qu'à proposer l'autorité impartiale et compétente qui doit être appelée à prononcer la sentence répressive.

X

TRIBUNAL D'HONNEUR

En France, il s'élève chaque jour, entre gens comme il faut, des difficultés qui suscitent des divisions, des ruptures, des aigreurs, des inimitiés, et dont les moins dangereuses amènent les contendants sur le terrain du duel. Ces difficultés sont quelquefois préméditées par le mauvais vouloir, mais le plus souvent elles naissent de méprises ou de susceptibilités. Que de maux elles causent aux particuliers, aux familles, à la société tout entière!... Eh! mon Dieu! beaucoup de procès n'ont pas d'autre origine.

Tout le monde sait cela, et toute personne qui réfléchit s'est dit bien des fois qu'il nous manque une institution pour régler ces différends, pour les tarir dans leurs sources, pour prévenir les maux qui en dérivent. Des moralistes ont proposé d'ériger des tribunaux d'honneur pour remplir cette lacune. Nous nous unissons de grand cœur à leur proposition, et nous promettons à ces honorables publicistes l'assentiment général s'ils la convertissent en une pétition au pouvoir législatif.

Eh bien! nous ne sommes pas cruel à l'égal de Gondebaud qui faisait couper le poing aux avocats athlètes, convaincus de mauvaises voies: c'est, bénignement, devant la juridiction des tribunaux d'honneur, que nous voudrions voir porter les plaintes contre les avocats inculpés d'injures ou de diffamation. Les plaideurs et les avocats s'expliqueraient en personne, fourniraient leurs preuves et produiraient leurs témoins, le tout à huis-clos, sans éclat, sans scandale et sans apparat. La décision du tribunal serait, seule, rendue publiquement. Le tribunal ne prononcerait ni amende, ni peine, ni dommages-intérêts ; il rendrait un simple verdict de blâme ou d'absolution, qui serait la haute expression de la délicatesse, de la justice et du véritable honneur, et satisferait pleinement la dignité du plaignant.

Cependant la malice de Me Lansmic nous inspire une crainte sérieuse. Ce personnage serait capable de faire argent de son indignité. Il s'arrangerait pour encourir de nombreuses plaintes et de nombreuses condamnations, en propagerait la nouvelle en tous lieux, y gagnerait la réputation de grand insulteur et attirerait dans son cabinet l'affluence de tous les clients vindicatifs. Pour prévenir cette honteuse spéculation, ne serait-il pas bien d'arrêter que les conseils de discipline radieront d'office du tableau tout avocat qui, trois fois, par le tribunal d'honneur aurait été condamné sans excuse atténuante?

XI

CONCLUSION DE CE LIVRE

Nous avons dit la vérité, rien que la vérité, toute la vérité... bonne à dire. Nous avons rendu témoignage, en notre âme et conscience, de nos observations sur les mœurs du Palais. Et maintenant, comprenez, peuple qui faites des législateurs !... Donnez mandat à vos députés de supprimer le ministère des avoués, d'instituer des tribunaux d'honneur, de soumettre les avocats à leur juridiction. Vous aurez beaucoup moins de procès; vous serez mieux défendu et mieux jugé; et des sangsues vous serez délivré:

c'est le bonheur que notre bon cœur vous souhaite.

Peut-être, demanderiez-vous un bonheur plus complet!... Vous auriez tort et les dieux vous le refuseraient. Car, souffrez qu'on vous le dise, ô peuple le plus spirituel de l'univers! vous n'êtes pas assez sage pour vous passer de la Justice et pas assez instruit pour vous passer d'avocats. — Sans doute, il serait préférable que tout différend fût jugé par des arbitres ou par des jurés; mais vous qui êtes censé connaître toutes nos lois, décisions et ordonnances, plus nombreuses que les étoiles de la voie lactée, les connaissez-vous? Vos arbitres, vos jurés les connaîtraient-ils?... Donc, il faudrait abolir les lois pour s'en tenir au sens moral, et les dieux ne le voudront point; — ou bien, vous les faire apprendre, et vous ne le voudrez pas.

Ainsi, faites de nécessité vertu. Soyez conservateur. Gardez vos Codes, sauf à les améliorer à l'occasion. Gardez vos juges que vous ne pouvez remplacer mieux : M. Dupin l'atteste. Gardez vos avocats : LE TRÈS-GRAND NOMBRE D'ENTRE EUX EST DIGNE DE CONFIANCE ET D'ESTIME ; et si on leur ôte le droit à l'insolence, ILS SERONT TOUS PARFAITS.

Oui, messieurs, *vous serez tous parfaits!* car, le jour où l'insolence vous sera défendue, les plaideurs n'auront plus de raisons pour emprunter l'éloquence glapissante de l'*odieux* Beau-Regard et du *méprisable* Lansmic ; ils demanderont, pour leurs causes, de solides plaidoiries que ces orateurs effrontés sont incapables de leur donner ; ils reviendront aux avocats de science, de travail et de bonne renommée ; et alors :

Vous rentrerez dans la voie véritable *d'une profession qui ne doit adorer que la sagesse ;*

Vous ne rechercherez pas *le malheureux bonheur d'obscurcir la vérité ;*

Vous vous abstiendrez de *toute supposition dans les faits, de toute surprise dans les citations ;*

Vous userez de *votre indépendance pour refuser les causes injustes ;*

Vous n'exercerez *votre ministère que pour la défense de la justice et de la vérité ;*

Vous vous distinguerez *par la délicatesse et le désintéressement qui doivent caractériser votre profession ;*

Vous serez *moins dominés par la tyrannie des passions que le commun des hommes ;*

Vous serez *heureux d'être dans un état où faire sa fortune et faire son devoir ne sont qu'une même chose ;*

Vous serez fiers d'appartenir *à un ordre qui sera vraiment aussi noble que la vertu !!!*

Or, messieurs, ne serait-il pas digne d'hommes de grand cœur, tels que vous, de prendre l'initiative de la réforme qui doit vous élever si haut dans la considération publique? Et cette réforme ne serait-elle pas d'une exécution facile?... Examinons la chose, messieurs, et nous verrons que rien ne serait plus simple et plus naturel.

D'abord, généralement, vous sortez de familles aisées qui vous ont donné des exemples de modération, de douceur, de civilité pour tout le monde. — Donc, votre éducation ne peut vous porter à la grossièreté des malotrus qui sont mal nés.

De même, vous avez fait de fortes études, dont la notion du juste a été le principal objet. — Donc, votre instruction ne peut vous porter à l'improbité qui est le partage des malheureux que la science du droit n'a point raffermis contre les tentations du mal.

Et puis, messieurs, vous êtes d'une politesse exquise dans vos conférences; vous êtes aimables dans les salons : pourquoi seriez-vous, nécessairement, impolis et détestables à l'audience?.. Allons, du courage! Décidez-vous à paraître en cet endroit ce que vous êtes ailleurs, des hommes comme il faut! Vous n'avez qu'à le vouloir, et pour peu que vous soyez persévérants, vos conseils de discipline ne seront pas en retard de bonne volonté pour abjurer l'esprit de corps et pour s'ériger en de vrais tribunaux d'honneur, également jaloux de faire droit à de justes plaintes et de vous protéger contre d'injustes imputations.

Il est vrai, messieurs, que sous le régime de

cette réforme volontaire, vous seriez amenés à pratiquer une honnêteté sublime qui, bien des fois, aurait les difficultés de sa grandeur. Ainsi, non-seulement vous vous garderiez avec soin de toute injure et de toute calomnie, de toute surprise et de toute tromperie, mais encore, par la pente naturelle de l'honneur, vous arriveriez doucement jusqu'à communiquer à votre contradicteur, avant de plaider, les pièces de votre dossier, les notes de votre partie, les opinions d'auteur que vous invoquez, les décisions de jurisprudence que vous entendez faire valoir, en un mot, votre dossier complet, sans en excepter votre plaidoyer tout prêt, tout écrit. — Or, la Justice vous saurait gré de cette délicatesse, et les nobles esprits vous en féliciteraient. Mais les plaideurs ne seraient-ils pas capables de vous accuser de trahison? — Qu'il serait beau pour votre gloire de mépriser les colères de ces ineptes détracteurs!

Vous les mépriserez, messieurs!... Il est impossible que des hommes de haute raison, tels que vous, ne comprennent pas qu'ils nous doivent, *à nous menu peuple*, des exemples de vertu. Nous ne sommes pas dans un temps d'indolence où des hommes en spectacle au vulgaire, comme vous l'êtes, puissent, sans forfaire, approuver contemplativement le bien et se laisser entraîner au mal. Trop de gens, hélas! s'autorisent d'avoir vu faire le mal pour le commettre eux-mêmes! Ils sont insensibles aux sermons du prêtre comme aux théorèmes du moraliste : ce sont des exemples de morale en action qu'il leur faut pour les ramener à la pratique du bien.

Nous avons, pour ami bien-aimé, un docte moraliste qui s'est voué à la tâche de conjurer les dangers dont cette indifférence menace la société moderne. Il développe avec talent, dans des écrits sans cesse renaissants, un corps de maximes qu'il appelle la science du *gouvernement de soi-même*. Il enseigne que la première loi de ce gouvernement, c'est l'obligation de remplir nos devoirs envers Dieu, envers nos semblables et envers nous-mêmes; il proclame ce principe admirable que *la vraie liberté c'est la dépendance des devoirs.* Non content d'écrire des revues et des traités, il enseigne encore sa doctrine de prédilection, dans des conférences de chaque jour. Nous avons entendu le nouvel apôtre annoncer à une foule attentive les principes du gouvernement de soi-même : il sait convaincre et persuader; il démontre avec chaleur et dépeint avec un génie de poëte le bonheur que donnerait au monde la liberté réglée par les devoirs; il s'exalte jusqu'à l'enthousiasme; il émeut et ravit les Chrétiens, les Juifs, les Musulmans, qui l'écoutent avec une religieuse sympathie. — Mais il se consume en de vaines paroles, et dès qu'il a cessé de faire entendre sa voix retentissante, son éloquence stérile se perd dans le silence, comme s'évanouit dans l'espace un fugitif météore.

La cause de cette impuissance n'est autre que la faiblesse des âmes vulgaires qui ne sont capables d'aucun effort pour faire le bien, si elles n'y sont excitées par de grands exemples. Plus enclin à exiger ses droits qu'à remplir ses devoirs, l'on se laisse aller sans résistance aux envies du plaisir ou de l'intérêt, et si l'on n'est point retenu par des exemples de mâle vertu, la conscience s'affaiblit insensiblement, le remords s'émousse, le repentir s'éteint, le regret s'efface, et l'on finit par se persuader qu'il n'y a rien de mal dans ce qui plaît ou dans ce qui profite, si on l'obtient sans violence ouverte et sans fraude... punie par la loi. *Et tergens os suum, dicit : Non sum operata malum.*

A ce propos, — quand, moyennant finance, Mes Caméléon, Beau-Regard et Lansmic ont diffamé un pauvre homme ou commis *une mauvaise voie*, croient-ils, eux aussi, qu'ils en sont quittes *pour se laver la bouche?...*

Mon Dieu! l'affreux Lansmic, dont la bouche n'est pas plus propre que sa conscience, trouvera sotte notre question, et n'y voudra point répondre : cela est certain.

Mais le trop débile Caméléon en rougira, et l'impudent Beau-Regard lui-même en sera confus : leur honte nous promet qu'ils ne sont, ni l'un ni l'autre, des pécheurs endurcis.

Nous croyons aussi que les avocats, faibles de caractère, qui ont pris l'habitude de mal agir, par esprit d'imitation ou par besoin plutôt que par esprit de méchante malice, se convertiront de même, sans trop se faire prêcher.

Si donc, ô vous, messieurs, qui êtes les étoiles de l'*Ordre*, ô vous qui brillez des splendeurs de la vertu, si vous chassez Lansmic de votre firmament, les avocats qui habitent la voie lactée ne formeront plus d'obscures nébuleuses; ils s'éclaireront des rayons de votre lumière, et votre ciel éclairci resplendira d'un éclat sans ombre! — En d'autres termes, plus terrestres, — ô vous messieurs, qui cultivez les délicatesses de la vertu et qui composez les conseils de discipline, déniez à Lansmic, votre confrère indigne, le droit d'appréciation dont il a fait un droit de diffamation! Ou plutôt, renvoyez-le aux écuries de son cousin le maquignon!... Et alors, les avocats étourdis, les avocats indécis, les avocats besogneux ne seront plus gâtés par le contact de ce pestiféré; ils suivront volontiers vos honorables exemples, et *vous serez tous parfaits.*

Frappez donc Lansmic! N'essayez pas de le convertir! Vous perdriez votre peine. Point de discours inutiles! Évitez l'écueil où vient échouer l'éloquence de notre cher moraliste! Donnez des exemples de vertu et des exemples de punition qui apprennent aux indociles à se gouverner selon leurs devoirs aussi bien que selon les droits de leur profession! Soyez sans merci pour les rebelles! Votre gloire est intéressée à ce que leur présence dans vos rangs ne vous fasse appliquer la sentence du proverbe retourné: *Qui s'assemble se ressemble.*

Au surplus, il n'est pas besoin d'être prophète pour prédire que, sans longs retards, les avocats seront contraints de mettre en pratique la haute vertu que Daguesseau a prêtée à ceux de son temps, à moins qu'ils ne préfèrent la suppression de leur ordre. Notre raisonnement est simple comme *bonjour*:

Sous un empire, sous une royauté, sous une république, le gouvernement de l'État n'est légitime qu'à la condition de sans cesse améliorer le sort du peuple. — *Nous empruntons cette maxime à Bossuet.* — Donc, aux avoués il reste peu de temps à vivre, et bientôt le peuple en sera délivré : c'est une question d'opportune occasion. Or, si alors, les avocats ne s'amendent, ils suivront les errements de Mes Escobar, Rapinat et consorts; ils saigneront le peuple comme auparavant, et le gouvernement sera forcé d'abolir leur monopole. Est-ce clair?

Hélas! quand il n'y aura plus d'avoués, plus d'avocats, le pauvre peuple en sera-t-il moins vexé, moins trompé, et moins... le fera-t-on payer? Hélas! sept fois hélas!... Aussi, finirons-nous ce livre par des conseils qui lui puissent servir contre les légistes de tous les temps... jusqu'au jour où la justice se rendra *gratis*, par les anciens, les parties face à face et sans aucune escorte d'hommes de loi d'aucune sorte.

Ces conseils, bonnes gens, seront préférables

à la conclusion théorique de notre livre, qui a le défaut de vous renvoyer aux calendes grecques. Ils formeront une conclusion pratique dont vous pourrez profiter dès à présent; et vous nous en saurez bon gré, car ce sont des moyens infaillibles d'éviter les procès. Ecoutez! écoutez!

L'homme de loi vit des procès, et pour bien vivre, il s'applique, d'instinct, à les faire naître plutôt qu'à les empêcher. Demandez au marchand de vous dire comment consommer moins de son étoffe ou de ses épices!... Le marchand rira de votre simplicité et vous répondra que cela n'est pas possible. L'on serait donc injuste d'exiger de l'avoué, de l'avocat, un désintéressement contre nature; car si leur profession en vaut une autre, elle ne vaut pas mieux... Si, si, si! Nous avons connu un avocat qui eut la franchise de dire à son client le moyen d'éviter son procès! Par malheur, quand il le dit, c'était trop tard. Le procès était fait, plaidé, jugé et perdu, et le client, condamné à payer frais et dépens, défendait sa bourse et marchandait les honoraires.

« Vous avez perdu votre procès, insinua l'avocat, par la faute de votre avoué, qui a mal à propos engagé l'instance, sans la faire précéder d'une mise en demeure qui eût prévenu la contestation. » Pour être impartial, nous ajouterons qu'à son tour l'avoué prit un ton dolent pour dire au client : « Quel dommage que vous ayez pris un si mauvais avocat! Tout autre que lui vous eût gagné votre procès d'emblée! »

Motus sur cette anecdote. Paix! Silence! comme crient les huissiers d'audience. Du moins, ne la répandez pas trop près du Palais, et surtout ne la généralisez point!... Il est des hommes de loi qui, par bonté naturelle, sont vraiment désintéressés, et nous ne voulons pas affliger les bons ni même infliger aux méchants un châtiment trop cruel : que l'on nous pardonne cette redite!

L'homme de loi que guide l'honnêté du cœur est un véritable arbitre de paix et de conciliation : loin d'exciter les ressentiments des clients, il tâche de les calmer, de les adoucir; jamais, sauf les cas d'urgence démontrée, il ne cherche à esquiver le préliminaire de la conciliation; et toujours, avant d'assigner devant le tribunal, il envoye son client, paraître en personne, devant le juge de paix.

Au contraire, l'homme de loi qui se laisse guider par la cupidité emploie toute sa malice à rendre la conciliation impossible. C'est merveille de voir avec quelle chaleur il épouse la querelle de son client, avec quelle assurance il affirme à cet innocent que son procès est imperdable, avec quelle colère il fait semblant de s'indigner de la mauvaise foi qu'il impute à l'adversaire! Et quand il a décidé le pauvre homme à plaider, c'est avec une ardeur fébrile qu'il se hâte de rédiger la demande, qu'il presse ses clercs de copier grosses et minutes, qu'il recommande à l'huissier de signifier tout de suite son exploit, et qu'en un mot il lance l'assignation à toute vapeur... sauf, quand l'affaire est définitivement engagée, à ralentir la vitesse pour gravir les pentes de la procédure, pour suivre les courbes de la chicane, et pour faire des vacations à toutes les gares du Palais. Oh! certes! cet avoué-là n'aime pas le préliminaire de la conciliation! Toujours il présente requête à M. le président du tribunal, pour en demander la dispense : il n'est pas sorte de prétexte ingénieusement coloré qu'il n'imagine, sorte de motifs d'urgence simulée qu'il n'expose en sa requête, pour obtenir la permission d'assigner devant le tribunal... directement et à *bref délai*. Et si la permission lui est refusée, ne croyez pas qu'il envoie son client comparaître en personne devant le juge de paix! Il s'en gardera bien, et doucereusement il dira à M. Joseph Prudhomme : « Donnez-moi votre pouvoir; je ne veux pas que vous alliez perdre votre temps à remplir une formalité de pure forme. » Et, à sa place, il dépêche devant le juge un troisième clerc qui ne sait pas le premier mot de l'affaire.

Quand l'huissier a signifié la citation, si la partie citée va consulter un avoué de la race rapace, elle sera remplacée elle-même par un clerc fondé de pouvoirs. En ce cas, hélas! la formalité est bien réellement de pure forme ! Car voici la petite comédie qui se joue en justice de paix. — La cause s'appelle, l'huissier donne lecture de la citation, les deux clercs s'avancent à la barre et produisent leurs pouvoirs. Le clerc défendeur déclare qu'il se présente *pour obéir à justice* et *qu'il ne peut se concilier*, et le clerc demandeur *requiert procès-verbal de non-conciliation.* Pas une phrase d'explication *ad hoc* n'est échangée de part ni d'autre, et cela, pour l'excellente raison que les deux clercs n'ont été initiés ni l'un ni l'autre aux circonstances du différend. Vainement le magistrat, qui s'est aperçu, à la simple lecture de la citation, que l'affaire peut s'arranger, veut-il que *les parties soient mises en présence!* Le clerc défendeur répond tranquillement que sa partie se refuse à toute concession; le clerc demandeur répète gravement qu'il requiert procès-verbal de non-conciliation; et le juge est *forcé d'octroyer le procès-verbal.*

N'est-ce pas dérision, moquerie? La volonté du législateur n'est-elle pas éludée, fraudée, méprisée?... Et pourquoi l'avoué prévaricateur fraude-t-il la loi? Faut-il vous le révéler, Monsieur Prudhomme, à vous qui lui avez su gré de vous avoir exempté d'aller perdre une heure à l'audience du juge de paix?... Eh bien! c'est pour vous faire perdre heures sur heures, le jour où vous irez lui demander des nouvelles de votre procès, le jour où vous y retournerez, le jour où votre avocat vous demandera une entrevue, le jour où la cause sera appelée au tribunal mais renvoyée, le jour où elle sera plaidée, le jour où elle sera continuée, le jour où elle sera jugée, perdue ou à moitié gagnée. Ah! vous vous êtes laissé prendre à ses airs sainte-n'y-touche! Calculez maintenant ce qu'il vous en coûte de temps, d'impatience, d'ennui et de frais, faux-frais, dépens et honoraires! Comprenez-vous, enfin, que Me Fouinet se souciait fort peu de vous épargner la perte d'une heure, mais se souciait beaucoup d'empêcher que vous n'eussiez l'occasion de vous accommoder avec votre adversaire?

En effet, si les parties adverses comparaissaient en personne devant le juge de paix sur le préliminaire de la conciliation, combien de fois une bonne parole de ce magistrat suffirait-elle pour les engager à s'arranger, à transiger! Les hommes de loi le savent, et c'est pour cela qu'ils cherchent à esquiver ce préliminaire important. Aussi, bonnes gens, parmi les moyens d'éviter les procès, mettez au *second rang* la défiance contre l'homme de loi qui prend vos intérêts comme les siens, qui vous témoigne de l'amitié, et qui veut vous aimer aussi tendrement que lui-même. Oh! s'il parle de votre adversaire avec vivacité, s'il promet de le mener rudement, prenez garde! C'est un oiseleur qui veut prendre un oison dans ses filets. Fuyez le flatteur qui caresse vos passions pour vous exploiter!... Oui, vraiment, toutes les fois que vous entendrez un homme de loi vous donner raison sur tous les points, à la simple audition de vos griefs, défiez-vous de lui!... Si, de plus, il vante votre modération et médit de votre adversaire, prenez la fuite! car, soyez-en certains, cet homme en veut à votre bourse!... Et si, après tout cela, il finit par vous dire que certain petit point lui paraît douteux... oh! dans ce cas, il a flairé que votre procès se perdra; il se ménage un échappatoire pour décliner la responsabilité du procès perdu. Renoncez à vos prétentions, sauvez-vous de son cabinet, précipitez vos pas et ne vous retournez point!

Ainsi, le *second moyen* d'éviter les procès, c'est de s'en rapporter exclusivement à l'homme de loi honnête, qui examinera votre affaire avec conscience, qui s'informera de tous les détails, qui vous fera des observations sur l'imprudence de votre conduite, des objections sur l'excès de vos prétentions, et qui, en tous cas, vous enverra paraître en personne devant le juge de conciliation.

Quant au *premier moyen*, que nous mettons le dernier, bonnes gens, pour que vous ne l'oubliiez pas, nous vous dirons simplement :

« Dans la vie, suivez le sentier de la mansuétude et de la conciliation, ne heurtez personne, tenez-vous loin des méchants, ayez pitié des malheureux, aimez fidèlement qui vous aime, faites à tout le monde tout le bien que vous pourrez... et vous n'aurez pas de procès. Cette conduite n'est pas très-difficile à qui le veut. Mais si la volonté vous manque, et si quelque fripon *vous appelle en justice pour vous ravir votre tunique, laissez-lui prendre tunique et manteau,* plutôt que de rien donner aux hommes de loi pour vous défendre. Vous y gagnerez la paix de l'âme et la tranquillité de l'esprit, et vous aurez gardé votre argent pour remplacer ce que le voleur vous aura pris, tandis qu'autrement vous risqueriez de tout perdre. »

POSTFACE

Le Photographe a montré les épreuves de son album à quelques intimes et a prié ces bons amis de lui faire part de leurs impressions. Hélas ! on ne lui a pas épargné les critiques ni les remontrances, et, s'il n'eût été sans vanité, sans peur et sans reproche, il aurait assurément préféré supprimer son ouvrage plutôt que de courir les risques dont il est menacé.

— « Eh quoi ! lui dit un académicien de

province, vous osez écrire, et vous n'êtes ni docteur, ni bachelier, ni gradué, ni maître d'école, pas même... écrivain public ! Vous avez donc pillé ce que vous avez mis dans ce livre? Allons, soyez raisonnable, ne jetez pas votre argent par les fenêtres : car on découvrira votre plagiat, et vous en serez pour la honte. »

Le Photographe ne possède aucun certificat, aucun brevet, aucun diplôme, aucun bonnet d'aucune sorte : cela est vrai, Lecteurs, mais pourtant il n'a rien pillé.

Peut-être a-t-il été trop présomptueux d'écrire sans l'avoir appris !... Mais, messieurs, il réclame votre indulgence : et puis, ma foi, si vous le blâmez, tant pis ! Il en appelle à la clémence de ses aimables lectrices ; il implore leur protection : de l'esprit et du goût, elles sont meilleurs juges que vous.

— « Mon Dieu, votre livre n'est pas déplaisant, roucoula un faux bonhomme : il est écrit avec facilité ; il n'est dépourvu ni de sel ni de verve : je vous en fais mon compliment. Mais le titre que vous avez choisi est quasi grossier. *Marais de Sangsues !* c'est brutal comme une insolence d'avocat mal appris. D'ailleurs, j'ai bien peur que certaines gens ne vous accusent d'avoir spéculé sur ce vilain titre pour allécher les amateurs de grosses médisances. Croyez-moi, supprimez-le, changez-le. »

Le Photographe a répondu d'avance dans ses *Explications préliminaires* à cette objection subtile. Veuillez, Lecteurs oublieux, relire ces explications claires et naïves, et vous le justifierez pleinement de toute spéculation mercantile.

Et vous, charmantes Lectrices, daignez le défendre contre l'accusation de *malséance*, car il était loin de songer à la publicité, quand, pour la première fois, dans une lettre particulière, il parla du *Marais de Sangsues.* C'était alors une raillerie dictée par la mauvaise humeur ; mais la lettre était confidentielle, et, vous le savez, mesdames : *péché caché, péché pardonné.* Si donc, en cette affaire, il est un coupable, le Photographe peut répondre : — Ce n'est pas moi... c'est le personnage qui a divulgué le péché, c'est le spirituel avocat qui a révélé la raillerie en audience publique, c'est lui qui a fait le scandale, ce n'est pas moi... du moins je ne l'ai pas fait exprès.

Du reste, le titre de *Marais de Sangsues* n'est pas du tout malséant, puisque, s'il dit trop contre les hommes de loi qui sont honnêtes, il ne prouve rien contre eux. Ce ne sont pas Me Bontout, Me Alphonse, Me Caméléon, Me Cabral qui crieront à l'outrage : ils savent bien, par le témoignage de leur conscience, *que le Photographe n'a pas voulu les atteindre* et que le public les respecte. Ce malheureux titre serait donc simplement mal sonnant... pour les oreilles des Rapinat, Fouinet, Renard, Lansmic et de tous les hommes de lois qui sont de vraies sangsues... Oh! s'il n'est coupable que de cela, le Photographe s'en consolera.

— « Mais vous avez été cruel pour Me Fouinet, » reprocha doucement une dame au cœur indulgent.

Vite le Photographe courut à la bibliothèque d'un camarade, y prit un volume des œuvres complètes d'un ancien clerc de procureur, passé académicien, et revint lire à la compatissante dame le passage que voici :

« J'ai rencontré dans la profession des successeurs de Rolet un type original, digne du pinceau de Regnier ou de Molière. Ce noir suppôt de Thémis avait choisi son repaire dans une assez vilaine rue; sa maison délabrée était de la plus chétive apparence et n'avait qu'une porte bâtarde. Quand vous l'aviez franchie, un corridor assez obscur vous conduisait à une étude enfumée, dont les clercs, assez âgés, ressemblaient à des recors. En entrant dans un cabinet encore plus obscur que l'étude, je n'aperçus pas, sans quelque émoi, un spectre d'une stature colossale et d'une vieillesse ferme et vigoureuse. Il avait un bonnet de laine rouge dressé sur sa tête; une redingote d'un gros drap gris, salie par le tabac, le couvrait tout entier. Des mains fortes, mais sèches et osseuses, garnies d'ongles noirs, longs et recourbés, comme des serres d'oiseau de proie, sortaient de ses manches avec une partie de l'avant-bras. Ses yeux, enfoncés dans leurs orbites, jetaient un feu sombre sous d'épais sourcils, dont quelques poils hérissés se relevaient vers un front plissé de rides. Du fond de sa vaste poitrine sortait une voix forte et menaçante, qui devenait aiguë et criarde dans les fréquents accès d'une colère prompte à s'allumer. Cet individu, rongé d'avarice, dévoré d'amour de l'argent, plein de fourberie, semblait être le monstre de la chicane personnifiée. A son aspect, je tremblais sur le seuil de son cabinet, je tremblais en l'approchant, et à peine si je parvins à balbutier quelques mots de l'affaire pour laquelle on m'avait envoyé vers lui. »

La bonne dame convint que le style compassé de l'Académicien était moins charitable que la verve du Photographe.

« Mais vous avez trop ménagé les avocats! s'écria un plaideur écorché vif par Me Lansmic. Vous auriez dû ravaler, comme il convient, cette race impertinente. »

Et il remit au Photographe deux liasses de notes, grosses comme des dossiers de *causes grasses.*

La première contenait force citations, tirées de Cicéron, de Sénèque, de Salluste, d'Aulu-Gelle, qui appellent les *advocats* chantres de formules, oiseleurs de syllabes, crieurs de procès, aboyeurs, vautours en robes, etc., etc.; des vers d'Horace, qui compare la bassesse de l'advocat à celle du cocher; un extrait de Pétronne, qui nous montre un homme embarrassé de décider s'il fera de son fils un crieur public, un advocat ou un barbier.

La seconde liasse contenait un passage de Martin Luther, qui nous dit en un latin de charabia : *Omnis jurista, aut nequista, aut ignorista;* une avalanche de bons mots, de railleries, de facéties, de satires, de traits burlesques à l'endroit des avocats d'autrefois; enfin, un recueil d'interruptions malveillantes, que des présidents de parlements, de cours et de tribunaux se sont permis d'adresser aux avocats des temps passés et présents.

Le Photographe dut remontrer à l'enragé de représailles qu'il confondait les hommes et les temps.

Les *advocats* de Rome étaient des agents de procès, qui n'étaient pas les défenseurs que nous appelons *avocats*, et que les Romains appelaient *patrons*. *Qui defendit alterum in judicio, aut patronus dicitur si orator est, vel advocatus si jus suggerit.* Au reste, le plaideur écorché pouvait s'y méprendre, puisque naguère, un illustre bâtonnier, docteur en toutes sciences, n'a pas mieux interprété les vers d'Horace.

Quant à la boútade de Luther, c'était un pavé que le moine fougueux lançait à la tête des jurisconsultes, ses contemporains, qui se mêlaient de dogmatiser et de poser en Pères de l'Église.

Quant aux facéties de nos poëtes et de nos comédiens, tout le monde les connaît; et d'ailleurs, elles ont peu de prise contre les avocats de nos jours.

A notre époque, où les hommes de parole et de plume sont tout, — pendant que dorment les hommes d'action, — le rôle des avocats a grandi. Ces messieurs ne sont plus les *chiquanous* d'autrefois, mal vus et mal menés tant qu'ils n'avaient pas conquis un renom de savant jurisconsulte ou de grand orateur. Aujourd'hui, plus n'est besoin qu'ils fassent leurs preuves d'érudition ou de talent : il suffit qu'ils soient investis du droit de porter la robe, la toque et la parole pour être honorés, complimentés, fêtés, bienvenus en tous lieux, dans les salons, dans les palais, même à l'Académie, où ils feront l'apologie du septicisme, sans que personne s'en étonne.

Peu importe qu'ils soient *foncièrement* ignorants, pourvu qu'ils parlent de tout! *Parler c'est savoir*. Aussi, les avocats envahissent-ils toutes les carrières, dans la magistrature, dans l'administration, dans la députation, dans le gouvernement. Oui! les avocats se laissent faire ministres du commerce, de la marine, de ce que l'on voudra... sans rien connaître des choses qu'ils gouvernent. Ils en sont quittes pour, toujours et sur tout, nommer des commissions, dont ils n'ont plus qu'à paraphraser les rapports.

Enfin, les avocats sont les princes de nos soirées, et là, peu importe qu'ils parlent mal ou ne parlent pas. L'avocat qui bredouille est pétillant d'esprit, et l'avocat qui se tait est un profond penseur. C'est à qui les aura et en raffolera.

Comment oser léser la grandeur de nos Excellences? Comment oser blasphémer les idoles de nos belles dames et de nos gentilles demoiselles? Le Photographe a trop peur de déplaire... à ses gracieuses lectrices; et c'est pour cela, vraiment, qu'aux avocats il a fait grâce des vieilles épigrammes dont le rancunier plaideur voulait les accabler.

Quant aux interruptions des présidents, le Photographe en dira seulement qu'elles témoignent d'un sans-façon pour la liberté de la défense, dont il n'a pas envie de rire.

« Mais la vivacité de vos portraits semble trahir une inimitié de l'auteur contre ses modèles, » dit au Photographe un bon ami, homme de tact et de prudence.

Le Photographe fut péniblement affecté d'un tel reproche, dont il se défendit avec force. Les apparences vous trompent, répondit-il, je n'ai attaqué personne. J'ai dépeint l'avoué larron sous le type de Me Rapinat, l'avocat intrigant sous les menteuses besicles de Me Renard, l'avocat ignorant sous le bonnet de Me St-Yon, l'avocat insolent sous la moustache fauve de Me Lansmic, cousin du maquignon. Mais, sous ces noms, je n'ai désigné nul homme de loi qui vive.

Assurément, j'ai voulu faire honte, sous ces masques, à tous les avoués *indignés* qui suscitent des procès et les enveniment ; à tous les avocats *indignes* qui plaident à tort et à travers, insultent les parties adverses, trompent les juges ; à tous les hommes de loi qui font de leur profession un vil métier de lucre. Mais je n'ai démasqué personne, et j'ai voulu faire honneur, par le contraste, aux avoués honnêtes qu'anime l'esprit de conciliation et de modération, aux avocats probes et vraiment indépendants qui choisissent les causes justes, les défendent avec dignité, et apportent aux magistrats le concours d'une parole loyale et d'une science asssurée.

Non, non, je n'ai point d'inimitié contre mes modèles.... et si des hommes de loi ont voûlu me causer du mal, je déclare que je leur pardonne. Je n'excepte que l'avocat de race philistine qui tenta d'acheter Dalila.

« Mais vous n'avez rien dit contre les notaires, rien contre les greffiers, rien contre les procureurs impériaux, rien contre les juges ! » maugréa un mangeur d'hommes de loi.

— Vous vous adressez mal, répliqua le Photographe ; je ne suis pas un ogre, et si je l'étais, j'aimerais la chair fraîche, je ne toucherais pas à la chair coriace de l'homme de loi. Et puis, n'aurais-je pas à craindre d'être dévoré le premier? *Ne mordaciorem mordeas.*

Au surplus, si je n'ai rien dit des notaires, des greffiers, des procureurs impériaux, des juges... c'est tout simplement parce que des uns je n'ai que du bien à dire, et que des autres je ne veux rien dire ou n'en dois rien dire.

Les notaires! — Voudriez-vous que je demandasse la suppression de leur ministère?... Mais comptez donc, je vous prie, les myriades de gens qui sont illettrés, et de ceux qui, sachant écrire, ne sauraient pas stipuler leurs conventions?..... N'y a-t-il pas même des avoués, des avocats, des magistrats qui seraient en peine de dresser une liquidation de succession et tant d'autres actes hérissés de difficultés?

Les notaires! — Mais ils sont les confidents et les conseillers des familles, les gardiens de leurs biens et quelquefois de leur honneur. Ils sont les médiateurs des accommodements qui préviennent les procès et des transactions qui les finissent. Ils n'ont rien de commun avec Rapinat le spoliateur, avec Lansmic le diffamateur.

Hélas! le regret de ma vie entière sera d'être entré dans le bourbier de la chicane, au lieu d'avoir embrassé la noble profession du notariat. Sans doute, le notaire n'est pas affranchi des infirmités humaines, mais le magistrat en est-il exempt? S'il est des notaires qui dissipent le bien de leurs clients, manque-t-il tout à fait de magistrats qui, par une coupable partialité, rendent mauvaise justice?

Les notaires! — Mais ceux qui mettent en péril le bien de leurs clients sont des hommes qui démentent la gravité et la droiture de leur ministère, qui mènent trop joyeuse et trop coûteuse vie, qui embrassent des querelles et des partis, qui spéculent et souscrivent des promesses pour l'argent qu'on leur donne à placer : ces hommes sont faciles à reconnaître, et les clients bien avisés s'empressent de les quitter... tandis que les justiciables sont forcés de subir les magistrats prévaricateurs. Et enfin, si les déconfitures des mauvais notaires font un plus bruyant scandale, les défaillances des mauvais magistrats causent-elles un moindre dommage?

Que dirais-je des greffiers, si ce n'est que ces auxiliaires indispensables de la justice sont généralement des hommes laborieux et honnêtes, des officiers de justice chargés de travail et mal rétribués? Sont-ils responsables des jugements qu'ils sont forcés de minuter sans les retoucher? Et le plaideur qui à leur innocente plume s'en prendrait, ne ressemblerait-il pas à ce gros mâtin qui mordait avec rage la pierre qui l'avait frappé?

Si je ne craignais Dieu, je craindrais au moins les procureurs impériaux, les procureurs généraux, les avocats généraux, les substituts, les juges d'instruction, et encore leurs secrétaires : c'est qu'ils sont plus à craindre que la peste, ce prétendu fléau de la divinité, devant lequel je peux fuir sans qu'elle me poursuive, tandis que ces redoutables fonctionnaires feraient courir après moi leurs huissiers, leurs commissaires, leurs gendarmes, leurs sergents, leurs policiers et même, au besoin, nos soldats.

D'abord, je sais à quoi m'en tenir sur les procédés de ces messieurs : car j'ai fait six jours de prison, et partant j'ai passé par les réquisitoires, les mandats d'amener, les interrogatoires des chefs du parquet, et par les mains de leurs subalternes. Déjà j'en ai touché deux mots dans *mes Explications*. C'est ici le cas d'achever le récit de mon aventure. Voici comment se passèrent ces agréables choses :

Mon délit était d'avoir colporté, maladroitement, car je n'avais pas colporté, un papier sur lequel j'avais reçu des souscriptions d'actions pour la fondation d'un journal : c'est ce que j'ai déjà raconté.

Or, je fus amené devant un juge d'instruction qui me dit, en me montrant le corps du délit :

« Vous reconnaissez cette liste de souscriptions ?

— Oui, monsieur.

— C'est vous qui avez recueilli ces souscriptions?

— Oui, monsieur.

— Ces souscriptions cachent l'organisation d'une société secrète, dont vous êtes l'un des instigateurs.

— Je ne m'en serais pas douté, monsieur. J'ai fait souscrire des avoués, des avocats, des juges, publiquement, dans la salle des Pas-Perdus : cette conduite n'aurait pas été bonne pour garder le mystère d'une société secrète.

— C'est bon, monsieur ; l'on m'a dit que vous êtes subtil, et je vois que l'on ne m'a pas trompé. Mais nous savons pertinemment que vous faites partie d'une société secrète qui a pour but d'établir le socialisme !

— Monsieur, il me serait difficile de prouver le contraire. Par bonheur, c'est à vous de prouver l'accusation.

— Je n'y suis pas tenu, monsieur. Je suis juge d'instruction, et je constate que vous reconnaissez *avoir colporté* cette liste de souscriptions. Ce délit me suffit. »

Et il dicta son procès-verbal au secrétaire qui l'assistait.

Voilà donc mon procès instruit. Il est aisé de discerner que le colportage n'en était pas le seul motif, et qu'au fond l'on me reprochait d'avoir fondé une société secrète... qu'avait, sans doute, inventée l'avocat philistin. Il est encore plus facile de démêler que le procureur public et le juge d'instruction voulaient défendre contre ma personne le grand parti de l'ordre, dont ils me croyaient l'ennemi.

Aujourd'hui, tous les deux sont morts : paix à leurs âmes ! et surtout qu'ils ne reviennent pas sur la terre, à ma poursuite !

Les deux gendarmes qui m'arrêtèrent, eux aussi sont morts. Je gage que leurs âmes sont en paradis, car ils furent pour moi d'une politesse parfaite. Saint Pierre a dû leur confier la police du purgatoire.

Ne reparlons pas de ma prison : cela me ferait revenir la chair de poule.

Je ne suis pas seul à m'effrayer de messieurs du parquet. L'un de mes amis a eu, de même que moi, quelques démêlés avec eux, et s'il n'a pas été condamné, il ne leur doit aucun remercîment. Car voici le menu de son affaire. Auparavant, disons, à la louange du parquet de France, que le récit s'est passé en pays étranger.

C'était en l'année... je ne me rappelle plus au juste. Mon ami était un extra libéral, en paroles; mais il aimait trop la bière brune pour se livrer à aucune action qui eût pu le déranger de ses habitudes paresseuses. Il affirme qu'il n'aurait pas conspiré contre un Néron quelconque, pour le roi d'Yvetot lui-même. Quoi qu'il en soit, le matin d'un vendredi, — jour qui porte malheur, — il osait dormir paisiblement, l'affreux criminel! quand il fut réveillé en sursaut et pris dans son lit par quatre vaillants hommes et leur commissaire, qui le conduisirent en prison, le livrèrent au geôlier, et allèrent quérir d'autres captures. A la nuit, ils étaient vingt-cinq prisonniers, pêle-mêle, dans le même dortoir, tous accusés de complot contre la sûreté de l'État. Voilà-t-il pas que mon ami ne connut pas un seul de ses complices !...

Trois jours après son arrestation, il fut traduit devant M. le juge d'instruction, qui procéda à son interrogatoire, à peu près comme il suit :

« Monsieur, vous êtes accusé de complot contre la sûreté de l'État.

— Monsieur, je ne suis pas un conspirateur.

— Vous êtes en relation avec MM. G., O., L., qui sont les chefs du complot.

— Monsieur, je ne les connais pas.

— Mais alors, vous avez fait partie d'un comité qui voulait empêcher le complot ?

— Si cela était, monsieur, vous auriez eu tort de me faire arrêter. Mais je n'ai conspiré ni pour ni contre ; et si j'avais conspiré, je ne m'en cacherais pas, je ne déclinerais pas la responsabilité de mes actions. »

Sur ce, M. le juge se mit à dicter son procès-verbal. Mon ami l'interrompit :

« Permettez, monsieur le juge. Votre interrogatoire ne relève contre moi ni preuves ni présomptions de complicité ; vous aurez donc la bonté de me rendre ma liberté ?

— Ah ! monsieur ! tous ces messieurs qui sont arrêtés ne demanderaient pas mieux que de s'en aller.

— Mais, monsieur, mon arrestation a été arbitraire ; ma détention serait injuste. Je proteste et je vous préviens que je ne signerai point votre procès-verbal si vous n'y insérez pas ma protestation. »

La protestation fut insérée. Mais à peine rentré en prison, mon ami fut jeté dans un cachot. C'était apparemment pour lui donner à réfléchir sur l'opportunité de sa protestation ; car, après quinze jours, sans autre incident... Si, si, j'allais oublier un incident très-intéressant.

Un jour, mon ami reçut dans sa prison la visite du secrétaire de M. le juge d'instruction.

« Mon cher ami, lui dit mielleusement le secrétaire, je voudrais te rendre service, puisque nous sommes d'anciens camarades. Eh bien, crois-moi, ne nie plus ta participation au complot. Nous avons trois lettres de toi qui te compromettent; je les ai vues, et je connais bien ton écriture. Avoue-donc, et tu t'en trouveras bien.

— Va-t-en, vaurien! lui fut-il répondu, je n'ai point écrit de lettres! »

Le lendemain, mon ami fut ramené devant M. le juge d'instruction, qui lui demanda, pour la forme, s'il persistait dans ses premières déclarations, et lui *octroya* sa mise en liberté.

Or, il suffit qu'un tel abus de pouvoir se puisse commettre en France, pour que je me tienne sur la réserve.

Mon Dieu! je comprends et j'approuve l'excès de zèle qui emporte messieurs du parquet contre les partisans de la politique subversive. Nos ennemis sont incorrigibles. Les formes impartiales, les doucereux ménagements que réclame notre civilisation ramollie, les rendent plus ingrats, plus audacieux, plus dangereux : c'est ma conviction, je te soutiens qu'eux-mêmes, ces farouches énergumènes, si, de nos jours, ils recommençaient leur affreuse révolution, ils fusilleraient Louis XVI à Varennes, au lieu de le faire exécuter à Paris, avec les formes d'une justice ironique.

J'aime les hommes dévoués à la cause de l'ordre immuable, et si j'étais ministre de la justice, je m'informerais des ministres de la vindicte politique qui feraient preuve de rigueur impitoyable et je les comblerais d'avancement. Par contre, je révoquerais, je destituerais, sans exception, les ministres de la vindicte publique qui seraient trop sévères pour les prévenus qui sont accusés de crimes civils : il ne faut pas que cès criminels égarés se croient plus modérés que la justice; il ne faut pas, surtout, que l'intimidation force un innocent à s'avouer coupable, ainsi qu'il est arrivé à cette malheureuse femme qui, naguère, s'est faussement reconnue coupable d'un parricide pour se délivrer des tourments de la torture morale qu'on lui infligeait pour obtenir d'elle un aveu. L'épouvantable nouvelle répandit la stupeur dans tous les esprits; elle émut le barreau; elle affligea la magistrature et, sans aucun doute, l'autorité prit des mesures pour prévenir le retour d'un tel malheur. Néanmoins, si j'étais ministre de la justice, je ferais encore quelque chose de plus pour mettre les prévenus à l'abri de la légèreté des magistrats instructeurs, de leur inexpérience ou de leur obstination; car il est de ces messieurs qui, par tempérament ou par excès de zèle, se persuadent que tous les prévenus sont coupables : ils se feraient un point d'honneur de ne point laisser acquitter M. le premier président Troplong, s'il était accusé d'avoir volé les tours de Notre-Dame.

Mais je ne suis pas ministre de la justice, et, si je l'étais, peut-être serais-je impuissant à réformer des abus qui dérivent des défauts des hommes plutôt que des imperfections de l'institution.

Telles sont les bonnes raisons que le Photographe a données pour démontrer qu'il n'a pas tort de ne vouloir rien dire de tous ces messieurs les procureurs impériaux, les procureurs généraux, les avocats généraux, les substituts, les juges d'instruction et leurs secrétaires; il n'osera pas même insinuer qu'il serait bon d'instituer un *contradicteur public* qui assisterait aux interrogatoires, ferait expliquer les prévenus et les témoins, veillerait à la fidélité des procès-verbaux, surveillerait le traitement de la prison et défendrait, d'office, les prévenus devant les chambres d'accusation. Il se gardera bien de parler de tout cela, par crainte d'être soupçonné de ne pas croire à l'affabilité, à l'impartialité, à l'infaillibilité de ces messsieurs. Non, non, non, il ne les dépeindra ni ne les peindra; il ne veut pas risquer de s'attirer une mauvaise affaire avec ceux d'entre eux qui se figurent que la Justice c'est eux.

Les juges représentent véritablement la Justice, et, pour ce motif, l'on doit respecter leurs personnes : c'est la raison que le Photographe a donnée pour ne pas faire des portraits de magistrats. Il n'aurait pas mieux demandé que de les peindre ; il aurait eu le bonheur d'avoir peu de mal à en dire, et le plaisir d'en dire beaucoup de bien ; mais il n'est pas loisible de mettre un juge sur la sellette, comme s'il ne lui était pas dû plus d'égards qu'à l'avocat Lansmic. La loi lui a remis le dépôt de la conscience publique, et si l'on se permettait d'être irrévérentieux pour sa personne, de ridiculiser ses défauts, l'on donnerait à croire qu'il est un dépositaire infidèle, et la Justice perdrait la confiance du peuple : ce qui serait un désastre social.

Cependant le Photographe ne prétend pas qu'il soit défendu de faire remarquer que la magistrature jouit d'une indépendance trop absolue, en ce sens qu'il n'existe pas dans l'organisation judiciaire des garanties pour les justiciables contre les fautes du magistrat. Par exemple :

S'il était vrai qu'il existât des juges assez peu scrupuleux pour accepter, en dehors des débats, des notes qui n'ont pas été communiquées à l'adversaire; pour recevoir des visites particulières dans leur domicile, en l'absence de la partie adverse; pour écouter dans les salons les renseignements qu'on leur donne *sur le brave homme* qui plaide *avec un vrai fripon*;

S'il était vrai qu'il existât des juges assez débonnaires pour s'en rapporter de préférence à Me Boniface, qui est de leur cercle ou de leur confrérie maçonnique, ou à Me Lansmic qui, *s'étant chargé de l'affaire de son client,* s'en va les rencontrer en ville pour les entretenir, *par hasard,* de faits apocryphes qu'il n'a osé plaider devant son contradicteur ;

S'il était vrai qu'il existât des juges assez impressionnables pour embrasser la cause de Me Renard, qui a parlé le premier, et pour s'impatienter de la plaidoirie de Me Lavenir, qui parle le second, pour interrompre cet avocat débile et lui faire perdre sa cause, sans l'avoir entendue ;

S'il était vrai qu'il existât des juges assez faibles d'esprit pour être forcés de s'en référer toujours à l'avis de leur président, ou de décider à l'aventure de leurs sensations ;

S'il était vrai qu'il existât des juges assez oublieux des règles du droit pour former leur opinion par persuasion, sans preuves; pour admettre, dans les affaires civiles, les rapports occultes de la police, et pour refuser à Marie Betval sa séparation de corps, sur la présomption de ses amours adultères avec l'infortuné Roméo;

S'il était vrai qu'il existât des juges assez passionnés pour motiver, en fait, des décisions qu'ils savent contraires au droit, afin de priver la partie condamnée du recours en cassation;

S'il était vrai qu'il existât des juges assez *dépendants* du pouvoir politique pour rendre des services et non des arrêts;

Ne serait-il pas utile de protéger le Juste moderne qui, moins entêté que l'ancien, consentirait à se défendre face à face devant le tribunal, mais qui, en dehors de l'audience, ne voudrait dire un mot, écrire une ligne, tenter une démarche en sa faveur?

Ne serait-il pas honnête de protéger les plaideurs qui ont le malheur de faire plaider Me Ardélion, avocat sans influence, Me Caméléon, avocat sans intrigue, Me Lavenir, avocat qui ne sait pas invoquer la liberté de la défense?

Ne serait-il pas nécessaire de protéger la Justice contre les défaillances de la fragilité humaine?

Ne serait-il pas heureux d'instituer une commission supérieure, prise parmi les conseillers de la Cour suprême, qui se rendrait dans tous les siéges des tribunaux, pour recevoir, à huis-clos, les doléances des justiciables et qui adresserait des remontrances convenables aux magistrats en faute, ou leur infligerait une censure publique?

Enfin, lecteurs, voici la dernière objection! Le Photographe l'a gardée pour le bouquet, parce qu'elle va lui donner l'occasion d'expliquer pourquoi il publie une seconde édition du *Marais*, malgré l'insuccès de la première.

« Votre portrait de l'avocat Pierre Guignol, lui a-t-on dit, est un portrait sans modèle, un portrait de fantaisie, un portrait d'avocat impossible. »

C'est vrai, a répondu le Photographe; ce Pierre Guignol n'existe pas au Palais : c'est un original de mon invention. Mais personne ne s'y méprendra ; car je ne l'ai pas façonné sur le moule des avocats de talent ordinaire, et je ne l'ai pu créer à l'image des avocats de talent supérieur. *Nemo dat quod non habet* : les petits du moqueur des forêts d'Amérique ne sont pas des fauvettes ni des rossignols.... encore moins des tiercelets.

J'ai fait de Pierre Guignol un avocat qui

perd tous ses procès faute de ménager les méchants, qui perd tous ses clients faute d'être complaisant pour leurs injustes prétentions, et qui n'est plus qu'un avocat sans cause, s'adonnant à l'économie politique faute d'être bon à d'autres choses.

Me Pierre Guignol serait donc un économiste plutôt qu'un avocat, et j'aurais tort d'avoir imaginé son portrait, j'en conviens, si je n'avais eu d'excellentes raisons pour produire ce hors d'œuvre : ces raisons, je vais les soumettre, lecteurs, à votre éminente sagesse.

Depuis 1848, je suis possédé de la monomanie de l'économie politique, non pas de celle qui forge des systèmes, mais de celle qui étudie les procédés de la pratique... honnête. J'en suis possédé au point de placer l'économie politique bien au-dessus de la forme du gouvernement. L'économie! c'est le tison qui brûlera les vieux abus.

D'abord, je me contentai de visiter les industriels et de m'improviser industriel moi-même.

Ensuite, les maladies me procurant des loisirs, j'écrivis brochures sur brochures, afin de prouver qu'il serait utile et nécessaire de fonder des maisons de banque et de commission à l'usage de la moyenne et de la petite industrie, si l'on voulait épargner à notre pays le malheur de tomber sous la domination d'une féodalité industrielle.

Mes brochures ne firent parler d'elles ni en mal ni en bien : c'était désespérant, puisque, d'après Voiture,

. . . . Si l'on ne vous croit digne
D'être haï, c'est un fort mauvais signe.

Mais j'ai foi dans mon idée et je persisterai.

Bref, dans le même temps, j'avais composé en province ma première édition du *Marais*, et je l'avais expédiée à Paris, pour l'y publier. Or, par suite d'erreurs fort curieuses, mais difficiles à révéler, le chemin de fer porta mon colis à Londres ! — Compagnie, je vous pardonne ! Vous m'avez rendu service sans le savoir; car je me doute qu'à Paris l'on se fût soucié d'un livre qui ne parlait que des hommes de loi; et *mon Marais* serait allé rejoindre *mes brochures*.

Mais, si je les réunissais ! m'écriai-je dans un mouvement d'obstination recrudescente. Sitôt dit, sitôt fait. Je composai le portrait de Me Pierre Guignol, dont je fis le champion de mes conceptions économiques.

Et maintenant, Dieu veuille que mes photographies fassent lire mon projet de *Comptoir de crédit en participation!* J'aurais contribué à restituer au centuple le bien que les hommes de loi sangsues ravissent au pauvre peuple. Ainsi soit-il !

TABLE DES MATIÈRES

Explications du Photographe. I

PANORAMA DU MARAIS

I. Revue rétrospective 21
Les origines 21
Simplicité du premier âge 24
Prépondérance de l'hermine; sa décadence. . 28
Émancipation de l'avoué. 31
Renaissance des procureurs. 33
Lutte d'éloquence. 35
Subjugation des huissiers 37
Sangsue marronne 38
II. Vue actuelle du marais. 41
Transformation du marais. 47
III. Les huissiers. 41
IV. L'agent d'affaires. 51
V. Les avoués-sangsues. 53
Me Escobar. 53
Me Rapinat. 55
Me Petit-Gagneur. 58
Me Fouinet. 61
Silhouettes 66
VI. Inutilité du ministère d'avoué. 69
Complainte des avoués-sangsues 69
Réponse aux sangsues 71
Discussion 74

VII. Les avoués honnêtes. 83
Me Bontout. 83
Me Alphonse 86
VIII. Avocats 89
Accident photographique 89
Type de l'avocat tel qu'il doit être. 92
Type de l'avocat tel qu'il est trop souvent. . . 95
Me Beau-Regard 107
Me Ardélion 126
Me Ouhardy 128
Me Caméléon 132
Me Isaac de Mérule 139
Me Jules Cabral 150
Me Pierre Guignol. 190
Comptoir de crédit en participation. 222
Me Boniface. 232
Me Renard 238
Me Saint-Yon 245
Me Lansmic. 249
IX. Nécessité de restaurer l'article 37. 253
Qu'est-ce que la liberté? 253
Liberté des avocats 258
Plainte d'un plaideur contre un avocat . . . 261
Consultation d'un jurisconsulte de vieille roche. 265
Résumé de la consultation 281
X. Tribunal d'honneur 291
XI. Conclusion de ce livre 294
Postface 315

PARIS. — IMPRIMERIE EDOUARD BLOT, RUE SAINT-LOUIS, 16.

Paris. — Imprimerie Édouard BLOT, rue Saint-Louis, 46, au Marais.

www.ingramcontent.com/pod-product-compliance
Ingram Content Group UK Ltd.
Pitfield, Milton Keynes, MK11 3LW, UK
UKHW021054270726
13967UKWH00012B/1098

9 782013 279307